NITOCRIS, REINE D'ÉGYPTE

II

La pyramide rouge

DU MÊME AUTEUR

Mexico-chat
Paris, Mercure de France, 1984

EN COLLABORATION AVEC DENYSE BEAULIEU

Blanc comme l'enfer : une aventure de Lou et Mallory
Paris, Belfond, 1993

Opération Hégire
Paris, Belfond, 1993

Nitocris, reine d'Égypte, t. I, *La Fille aux cheveux d'or*
Paris, Éditions 1, 2004

Christian Chaix

NITOCRIS REINE D'ÉGYPTE

II

La pyramide rouge

EDIT1IONS

Direction d'ouvrage :
Clarisse Cohen

ISBN 2-84612-139-7

I

Moi, pharaon Ankh-khaou, Antiemsaf, Mérenrê II ayant régné un an et un mois sur l'Égypte, j'atteste que les textes sacrés disent la vérité. Et tandis que dans ma main brûle la chaleur de la paume de Nitocris, mes oreilles tintent encore des hurlements de la foule et des cris des soldats.

Je dis avoir vu mon ba quitter mon corps au moment du dernier soupir, alors qu'un vent froid venu du nord m'envahissait. Je dis que mon regard est perçant, et que je suis plus rapide que toute créature vivant sur la terre. Je dis aussi que s'il plaît au dieu au visage unique, je me transporterai à ma volonté dans le corps de tout être existant sur la terre, ainsi que nous l'enseignent les textes des pyramides :

Je prends mon envol vers le Ciel.
Je plane dans le Ciel, pareil à un grand faucon
Dont le dos mesure quatre coudées
Et dont les ailes brillent comme des émeraudes du Sud...

Je suis mon âme, je suis mon ba, et mon visage se dresse sur mon corps de faucon.

La douleur du poison avait brûlé mon cou, puis les vociférations de la foule et l'accablement de la reine étaient subitement devenus légers à mon cœur.

Je m'élevai dans les airs. Partout autour de moi s'étirait le ciel pur, liquide et transparent. Lorsque j'ai tourné mon regard vers la terre, j'ai compris que les nuages ne se promenaient plus au-dessus de ma tête mais qu'ils glissaient sous mes pieds. Je songeai que je faisais un rêve merveilleux. Pourtant, alors que cette idée effleurait mon esprit, quelque chose en moi, quelque chose de bien plus fort que moi, rejeta cette pensée dérisoire.

Sous mon ventre défilait un pays que je ne reconnus pas. Puis il m'apparut que tous ces cônes pointus piquetant la terre jaune n'étaient autres que les pyramides de mes ancêtres, et que le long ruban étincelant serpentant jusqu'aux temples de la vallée ne pouvait être que le Nil. J'en déduisis que j'avais retrouvé cette Égypte que, l'instant d'avant, la mort m'avait fait quitter brusquement.

J'embrassai tout d'un coup, et d'un seul regard, ce pays que j'avais tant aimé et auquel j'avais voulu m'adresser, des plaines nordiques du Delta aux terres situées au sud de la première cataracte. Je dénombrais les mille et une ramifications du Nil, que j'avais si souvent sillonnées avec Nitocris, ma sœur, mon épouse ; elles étaient semblables à une fleur de lotus dont la tige descend en ondulant vers les hautes terres d'Éléphantine. J'apercevais à l'est la main gantée de la mer Rouge, et jusqu'aux mines de turquoises du désert du Sinaï. À l'ouest, les montagnes rocailleuses du désert libyque. Si je l'avais voulu, j'aurais pu m'envoler bien au-delà des piliers qui soutiennent le toit du monde.

Non loin de moi voguait, silencieuse, la grande barque de Rê, mais je m'en détournai. Il me restait une mission à accomplir sur terre avant de monter à son bord : accompagner tout au long de son chemin celle que je chérissais plus que moi-même, ma sœur, mon épouse.

II

Je m'aperçus très vite qu'il me suffisait de commander à mon esprit pour me déplacer. Je lui disais : « Va ! », et nous allions où je le souhaitais.

Je lui ordonnai donc de se rendre à l'endroit où j'étais tombé sous la flèche empoisonnée du Pygmée Bolo. Il m'y conduisit si vite que l'air se fendit sur mon passage et se referma derrière moi en sifflant.

Sur le plancher de bois couvert de tapis bigarrés gisait un cadavre. Des hommes et des femmes se penchaient sur lui, puis s'en éloignaient. Il me fallut un certain temps avant de me reconnaître dans ce corps brisé à la peau grisâtre et au crâne rasé, étendu près de la double couronne qui venait de l'abandonner. C'était moi ; moi Mérenrê dont la barbe postiche, pendue au menton à la manière des dieux, s'était décrochée et saillait en travers de ma joue dans une posture grotesque. Moi, dont le sang coulait sur ma tunique blanche, maculant mon pagne d'apparat.

Je me perchai sur le mur de l'enceinte royale puis au sommet du premier pylône du temple de Ptah, d'où je contemplai toute cette agitation.

Le vieux vizir Khéti s'approcha et recouvrit mon corps de sa tunique. Un colosse s'empara de mon bâton de commandement pour protéger la reine de son bras puissant. Je vis s'enfuir Nitocris, accompagnée de sa suivante Beket et d'un jeune homme : ils furent bientôt rejoints par le géant. Je les suivis un instant du regard tandis qu'ils fendaient la foule, certain que ces deux hommes étaient bons et qu'ils la garderaient en sécurité.

Je vis un prêtre de Ptah cacher le Pygmée Bolo dans les plis de son manteau et le guider vers le temple. Le maudit Bolo riait et grimaçait, il était plus laid que la plus hideuse des créatures de Seth.

Je m'approchai et me posai sur un pilier du baldaquin.

Ipout, la seconde épouse du roi Pépi, déchirait ses vêtements et se lacérait le visage en pleurant. Elle se lamentait :

« Voici que tu rayonnes au milieu de l'océan céleste, ô bon roi Mérenrê, toi que nous vénérions plus que le miel de l'abeille, plus que les crues du Nil, plus que le soleil qui se lève chaque matin dans sa gloire au-dessus des montagnes de l'est... »

Elle se remit à pleurer en se cachant le visage, mais sous ses doigts je devinais des yeux parfaitement secs. Autour d'elle, la longue procession des femmes en robes blanches s'avançait vers la dépouille, puis refluait vers les pylônes du temple, s'accordant à la poussée des gardes contre la foule.

Derrière le baldaquin, les trois hommes qui avaient voulu assassiner la reine avaient profité de l'agitation pour se débarrasser des longs manteaux qui les dissimulaient. Ils réapparurent à la lumière et s'affairèrent autour de moi en hurlant de douleur.

Je vis le gouverneur du nome de l'oryx, Taharqa, se pencher à l'oreille de l'eunuque Neternakht en rangeant son couteau ; j'aperçus Vennofer, que j'avais reconduit dans ses fonctions de directeur des cornes, des sabots et des plumes, courir se lamenter de leur échec dans les bras de l'échanson royal Renenout.

« Ainsi, pensai-je, quatre d'entre eux au moins marchent sur le même chemin... »

Je contemplai le peuple auquel j'avais voulu m'adresser.

Certains, je crois, m'avaient vu tomber, mais aucun ne se doutait de ce qui m'était arrivé.

Lorsque la foule rompit le barrage des soldats, tout empira. Ceux de derrière bousculèrent ceux qui se trouvaient devant. Les plus faibles tombèrent sur le sol et des milliers d'autres les piétinèrent, creusant dans la cohue de longues tranchées au bord desquelles ondulait une file ininterrompue d'hommes et de femmes.

Bientôt les soldats durent pointer leurs lances pour se frayer un passage. Les pierres commencèrent à voler et les bâtons à s'abattre sur les têtes. Le sang, que je voulais éviter de répandre en parlant au peuple, coula sur l'esplanade et entre les statues des dieux ; la racaille en profita pour molester des femmes, arrachant les quelques bijoux qu'elles avaient réussi à conserver.

Enfin, quelqu'un prononça les mots fatidiques :

« Le pharaon est mort ! »

Un autre reprit :

« Mérenrê n'est plus ! »

La nouvelle se répandit de bouche en bouche et, telle une vague qui aurait choisi de remonter le courant la poussant vers la grève, elle reflua vers le fond de l'esplanade.

Le silence se fit. Il n'y eut dans la foule ni pleurs ni cris de joie.

III

Ils marchèrent lentement en direction du temple de Sekhmet. Sous leurs pieds, les cailloux du chemin tintaient comme des tessons de poterie. Nitocris avançait à pas précautionneux, ses deux mains soutenant son ventre rond. D'un geste tendre, Beket ajusta le voile de lin qu'elle avait posé sur la tête de sa maîtresse pour la protéger du soleil.

La reine lui paraissait étrangement calme, à croire que rien de tout cela n'était arrivé, ou que la souffrance tardait à atteindre son cerveau. De son bras libre, la suivante resserra son étreinte autour de la taille de Nitocris, comme pour l'empêcher de tomber si la douleur se faisait brusquement sentir. Lorsqu'elle releva la tête, une ombre longue envahissait peu à peu les collines en direction du désert libyque. Elle scruta le ciel mais n'y vit pas la moindre trace de nuage.

Un couple de paysans conduisant une paire de bœufs arrivait à leur rencontre. Le beau jeune homme élancé qui ouvrait la marche porta la main à son poignard ; un geste bien inutile car les paysans semblaient inoffensifs, davantage préoccupés par l'ombre mystérieuse qui ne cessait de grandir et se précipitait vers eux en avalant le désert.

Une brise glaciale souffla brusquement et l'ombre les enveloppa. Au-dessus de leurs têtes, un masque noir voilait la face du soleil. Les paysans se jetèrent face contre terre, et Beket les entendit gémir :

« Bakou... Les dieux nous punissent... Il faut rendre les bœufs !

– Oui, Manou, nous les rendrons ! »

Un clair-obscur, semblable à celui d'une nuit de pleine lune, les recouvrit et le vent forcit en même temps qu'il se faisait plus glacial sur leurs épaules. Au loin, des chiens hurlèrent à la mort. Les deux paysans restèrent pétrifiés un long moment, puis l'ombre recula aussi rapidement qu'elle était arrivée et le soleil réchauffa de nouveau la terre.

Louant le grand dieu Rê qui les avait épargnés, Bakou et Manou levèrent les yeux vers le ciel. Le colosse leur cria :

« Ne regardez pas le soleil ! Ne le regardez pas ou il vous aveuglera ! »

Ils se retournèrent et, reconnaissant la chevelure blonde de la reine, se jetèrent pour la seconde fois sur le sol. Ils se relevèrent au moment où la reine contournait le temple de Sekhmet.

La disparition du soleil n'avait pas duré plus longtemps que l'éclosion d'une fleur de lotus, et déjà ses rayons mordaient les épaules et les membres. Souffrant de la chaleur, Nitocris demanda à s'arrêter quelques instants afin de profiter de cette brise qui lui caressait soudain le visage.

Beket écarquilla les yeux. De quelle brise la reine parlait-elle ? Il n'y avait pas un souffle d'air, et pourtant, les gouttes de sueur qui perlaient sur le front de Nitocris disparaissaient une à une.

« Merci... », dit-elle sans que l'on puisse savoir à qui elle s'adressait. Puis, s'appuyant sur l'épaule de Beket, elle murmura :

« As-tu senti ce souffle d'air ? Non ? Alors c'est qu'il m'était destiné... Tu ne crois pas ? »

Beket raffermit le bras de la reine autour de son cou et se remit en marche. Un vent léger, venu de nulle part, faisait voleter les boucles blondes de Nitocris, et ses joues roses devinrent aussi fraîches que la chair d'une pastèque. Soudain, sa pression se fit plus insistante et elle grimaça de douleur :

« Sommes-nous encore loin ? »

« Nous y serons bientôt... », répondit le jeune homme. Puis, s'adressant à son compagnon :

« Satou, cours les prévenir de notre arrivée !

– Mais tu es bien plus rapide que moi ! répondit le colosse. Vas-y toi-même, Baba ! »

Beket pâlit en entendant ce nom. Sur ses lèvres muettes, elle forma le prénom du jeune homme, puis se tourna vers celui qui marchait à ses côtés et articula péniblement :

« Ba-ba ? »

Nitocris demanda :

« Qui es-tu ?

– Majesté, je suis celui que tu as sauvé de la mort ce jour où le roi Pépi est venu rendre visite à sa demeure d'éternité...

– Le petit garçon au burin ? Le lièvre du désert ? Oui, je m'en souviens, Mérenrê et moi avions beaucoup ri ce jour-là...

– Oui, Majesté.

– Dire que parmi tous ceux qui m'entouraient, parmi tous les soldats censés me protéger, il ne s'est trouvé que deux hommes pour me sauver, et que tu en faisais partie, toi, l'enfant chétif et abandonné...

– Oui, Majesté.

– La vie est étrange, tu ne trouves pas ?

– La vie est telle que les dieux l'ont décidée.

– Tu as sans doute raison... Cours vite maintenant, car je crains de voir tomber à tout instant le fruit divin. Satou, je sens que mes jambes se dérobent, porte-moi ! Beket, dès que nous serons arrivés, va chercher la sage-femme. Fais-toi accompagner ! »

Nitocris, le regard plein de tristesse et de reconnaissance, offrit son visage à la caresse de ce vent qui ne soufflait que pour elle. Elle chercha l'ombre de Mérenrê jusque dans la poussière de la route, mais ne vit rien autour d'elle.

Mes grandes ailes de faucon m'empêchant de voler dans la maison de Baba, je me transformai en salamandre et m'accrochai au mur, la tête tournée vers le lit où l'on avait allongé la reine.

J'observai.

La demeure de Baba bourdonna comme une ruche dès que l'on sut que l'épouse du pharaon allait venir y accoucher. La sage-femme Abana était arrivée en compagnie de ses aides. Les servantes s'agitaient, courant en tous sens et se bousculant comme des abeilles ivres de pollen. Elles se criaient les unes aux autres qu'il fallait de l'eau chaude et des draps de lin, beaucoup de draps de lin fin, mais aucune d'entre elles n'en apportait. Abana s'était jetée dans la mêlée lorsque ses serres de rapace se refermèrent sur la crinière de l'une d'elles :

« Regarde-moi, petite sotte ! Peux-tu me dire pourquoi tu hurles comme un porc qu'on égorge, hein ? Et pour quelle raison te sauves-tu ainsi, tel un canard qui court derrière son cou ?

– C'est que... Sa Majesté la reine Nitocris est sur le point d'accoucher et que je n'ai jamais connu chose pareille !

– Vas-tu enfin te décider à m'apporter l'eau chaude et les draps dont j'ai besoin pour l'accouchement de la reine ?

– Oui, maîtresse »

Je m'apprêtais à regarder ce qu'aucun homme n'avait jamais vu, hormis les médecins chargés de mettre les enfants au monde.

Abana écarta doucement les jambes de Nitocris et annonça :

« C'est le moment. »

Elle aida ma chère épouse à se lever, puis à s'installer, accroupie, sur deux pierres surélevées tandis que deux servantes la soutenaient par les bras. Nitocris avait gardé son joli teint rose et souriait à toute cette agitation. Soudain elle se crispa, saisit la main de Beket et y planta les dents pour ne pas crier. La sage-femme s'exclama :

« Il veut te voir ! L'enfant veut sortir de ton ventre pour te voir, Majesté. Il faut que tu pousses pour l'aider !

– Je dois l'amener à la vie le jour même où mon frère meurt ?

– Oui, Majesté, il le faut. Pousse ! »

Tandis que Nitocris s'exécutait, Abana invoqua à voix basse la déesse Touéris, qui assiste les femmes dans leur travail. Pour faire bonne mesure, elle marmonna une prière à Sekhmet. Beket tapota l'épaule d'Abana penchée entre les jambes de ma sœur pour lui signaler que l'œil de Nitocris chavirait et se révulsait lentement. Abana s'approcha rapidement de la reine et lui chuchota :

« Tssst ! tssst !... Pas de ça ma fille, ce n'est pas le moment de t'évanouir ! »

Elle administra sur ses joues quelques tapes sèches qui la réveillèrent.

« Allez, Majesté, pousse ! »

Comme si elle n'attendait que cet encouragement, Nitocris gonfla les veines de son cou, s'arc-bouta en criant, et lacéra les bras de Beket qui l'encourageait d'un cri rauque. Alors, avec la soudaineté d'une bulle qui éclate à la surface de l'eau, la tête de l'enfant apparut entre ses cuisses mouillées. Dès qu'il eut poussé son premier cri, Abana coupa le cordon, essuya le corps rouge et gluant avant de le poser sur le ventre de sa mère.

« C'est une fille ! Regarde comme elle est belle, pas même fripée comme le sont les nouveau-nés... Et ses cheveux, noirs comme le plumage d'un corbeau... As-tu un nom pour cette beauté ? »

Nitocris regarda sa fille avec curiosité et l'embrassa tendrement :

« Eh bien, puisque tu es si belle, nous t'appellerons tout simplement Nofret. »

Elle se tourna ensuite vers Beket :

« Préviens la nourrice royale Senen que son travail commence dès aujourd'hui. Elle s'installera ici même, chez nos hôtes. Pour l'instant, le palais de Pharaon n'est pas un endroit sûr pour un enfant de roi. Quant à moi, je dois rentrer le plus vite possible y remettre un peu d'ordre. »

Puis elle caressa la joue de la sage-femme :

« Merci pour ton aide, Abana. À présent, laissez-moi un instant avec ma fille... »

Une fois seule, Nitocris étreignit Nofret en pleurant, puis notre fille se mit à brailler. Mon épouse découvrit son sein rond et gonflé et, l'ayant pressé plusieurs fois, elle approcha son téton des lèvres de l'enfant, qui se calma aussitôt. Elle parcourut alors du regard les murs et le plafond de la chambre, mais à aucun moment ses yeux ne se posèrent sur le haut du mur où je m'étais fixé.

Elle ne me voyait pas.

IV

Les espions de la reine Ipout et de son fils Khenou leur avaient annoncé la disparition de Nitocris :

« On dit que la reine a été enlevée par des brigands soshous...

– On prétend aussi que, folle de chagrin, elle se serait jetée dans le Nil...

– Qu'un éclair, jailli de l'œil fermé de Rê, l'aurait transformée en bloc de pierre... »

Qu'elle ait été enlevée ou changée en granit importait peu au prince Khenou. Il essayait des tenues d'apparat et contemplait son image dans le miroir de cuivre poli que lui tendait la seconde épouse de feu le pharaon Pépi.

« Pipou ! Penche un peu le miroir vers le bas, je ne vois pas mes pieds !

– Tes pieds ! De toute façon, ils seront chaussés de sandales en cuir blanc recouvertes d'améthystes ou de turquoises... Pour l'instant, ce qui importe est de savoir s'il faudra retoucher l'assise de la couronne afin qu'elle ne te tombe pas ainsi sur le front... Regarde de quoi tu as l'air !

– Je veux quand même voir mes pieds !

– Ce que tu peux être agaçant, mon pauvre enfant !

– Quand je serai roi, tu devras me parler sur un autre ton. Ce ne sera plus comme avant ! Je serai fils du dieu Rê. Je serai grand. Je serai d'essence divine !

– Avant tout, tu seras mon fils et moi ta mère. Tu devras filer droit et m'écouter en toutes choses, si tu ne veux pas que ton règne soit éphémère. Aussi, tu prendras bien garde à faire ce que Ptahshepses et moi t'indiquerons. À présent, voyons un peu… Il faut quelque chose de spécial. Quelque chose qui serait le point de départ d'une nouvelle période et d'un nouveau règne. Peut-être devrait-on t'habiller en dieu… Oui, ce serait différent… Tu porterais le diadème divin avec ses cornes et ses plumes et, dans la main droite, tu tiendrais le sceptre des dieux !

– Mais, Pipou, je voulais tenir le fouet et la crosse de commandement…

– Eh bien, ce sera pour une autre fois !

– Pourquoi ?

– Parce que.

– Parce que quoi ?

– Parce qu'on ne les a pas retrouvés, voilà pourquoi.

– Au moins, j'aurai le poignard incrusté de pierres précieuses à la ceinture ?

– Tu l'auras.

– Avec la queue de lion et le pectoral de lapis-lazuli comme celui de Pépi ?

– On verra… »

La nuit commençait à tomber. Une servante, appelée par Ipout d'un claquement de mains, alluma les cônes de cire. Après son départ, les mèches s'éteignirent une à une de manière inexplicable.

V

Dans l'espoir de démasquer facilement les assassins de son époux en les mettant en confiance, Nitocris avait laissé courir le bruit de sa disparition, mais pour l'instant, aucun d'entre eux n'était tombé dans le piège qu'elle leur tendait.

Les nouvelles de la Grande Maison lui étaient rapportées par une cuisinière du palais prénommée Satipi. Elle avait choisi cette fille revêche pour son habileté à laisser traîner son oreille un peu partout, mais aussi pour son apparente insignifiance et sa faculté à se faire oublier de son entourage. Satipi détestait tant ses semblables qu'elle traquait jour et nuit leurs mauvaises pensées, leurs vilaines actions et leurs faiblesses. Sa ténacité en faisait une redoutable alliée, et la reine prenait soin de la récompenser généreusement.

Je continuais à veiller Nitocris de ma présence invisible. J'attendais auprès d'elle que les larmes qui baignaient enfin ses yeux se tarissent. Nofret se contorsionnait à ses côtés en gazouillant. Elle jouait avec le gros orteil de son pied gauche qu'elle portait régulièrement à la bouche.

Soudain, il me sembla qu'elle inspectait les murs de la chambre d'un œil encore légèrement trouble, mais vif et intense. Je me changeai en hirondelle et la surpris, tandis que je voletais d'un coin à l'autre de la pièce, à suivre ma progression. Lorsque, pour m'assurer que l'attention qu'elle me portait n'était pas due au hasard, je me perchai tout près de son visage, elle agita la main vers moi, et je crus un instant qu'elle voulait me caresser.

Nofret me voyait !

Bien plus tard, alors que je renouvelais la même expérience avec d'autres nouveau-nés, je constatai que ces derniers étaient parfaitement capables de discerner ce que les adultes ne voyaient pas !

Nitocris avait séché ses larmes.

Elle tentait de comprendre ce qui intéressait tant sa fille et la faisait se trémousser de joie. Comme elle ne trouvait aucune raison à ce déferlement de bonheur enfantin, elle songea que la nature de Nofret était bonne, mais n'en éprouva ni joie, ni peine, ni étonnement. Nitocris semblait retomber dans son absence, dans cet ailleurs où je n'étais pas, où seuls régnaient la rancune et le désir de vengeance. Elle appela la nourrice royale Senen, mais ce fut Beket qui arriva.

« Tu ne dors donc jamais ? » demanda la reine.

Le visage de Beket était radieux.

« Que se passe-t-il ? »

Beket posa la main sur sa poitrine et mima les battements du cœur. Puis elle força sa gorge à articuler ce nom qu'elle prononçait de mieux en mieux :

« Ba-ba.

– Baba ? » répéta Nitocris.

La jeune fille acquiesça.

« Viens ici que je t'embrasse ! »

Les deux femmes s'étreignirent longuement, puis elles mêlèrent leurs larmes de joie et de souffrance.

« Puisque tu es là, va donc me chercher Senen... Regarde, Nofret ne te paraît-elle pas très éveillée pour son âge ? »

L'enfant roulait des yeux, prise par le vertige du sommeil. Il sembla à Beket que la reine, bien que fille du dieu Rê, fût comme toutes les femmes, et sa fierté maternelle un peu excessive.

« Entre, Senen ! »

Contrairement à la tradition, qui voulait que la nourrice royale fût appelée parmi les nobles de la cour, le choix de Nitocris s'était porté sur l'épouse d'un artisan des ateliers royaux assassiné durant les émeutes, alors qu'elle était enceinte. C'était une femme corpulente, à la poitrine généreuse, au ventre et aux cuisses fermes comme les piliers du temple. Ses sourcils étaient minces et ses yeux d'un brun très profond souriaient avec douceur. Il émanait d'elle une telle autorité sereine qu'elle n'avait nul besoin d'élever la voix pour se faire obéir des enfants.

Senen rendit son regard à la reine ; dans ses yeux se lisait la tristesse de celle qui sait parfaitement ce que perdre un mari signifie.

« Senen, dit Nitocris, pour de nombreuses raisons, je préfère que tu t'installes ici avec mon enfant et les tiens, car vous y serez sous bonne garde. J'y veillerai. Cependant, personne ne doit savoir que Nofret existe. Pour tout le monde, elle sera la fille de ta sœur cadette que tu as eu la générosité de recueillir.

– Oui, Majesté.

– Pour la tendresse et l'affection, je sais que tu y pourvoiras du mieux possible. Quant à son éducation, je ferai le nécessaire en temps utile.

– Quand Sa Majesté viendra-t-elle rendre visite à la princesse ?

– Je l'ignore. »

Nitocris se redressa sur son lit et serra la nourrice royale contre son cœur.

« Sois ici demain à l'aube. Va, maintenant. »

Le lendemain matin, le noble Khay, commandant de la garde royale, arriva en grand secret. Il observa avec méfiance le géant Satou et son ami Baba. Tout au long des couloirs qui le menaient jusqu'à l'appartement de la reine, il garda une main sur son poignard. Nitocris l'autorisa à se prosterner devant elle et attendit. Après un moment, elle lui tapota la tête du bout de sa sandale blanche :

« Relève-toi, Khay, fidèle ami, et regarde bien ces deux hommes, car ce sont eux qui m'ont sauvé la vie. »

Khay se releva et marcha vers eux. Il les fixa dans les yeux l'un après l'autre, posa sa tête contre l'épaule de Satou et l'étreignit très fort. Il fit de même avec Baba, avant de se retourner vers la reine.

« Où étais-tu, Khay, lorsqu'ils ont tué mon époux ?

– J'étais au milieu de mes soldats, Majesté, et je tentais de contenir la foule en prenant soin toutefois de ne tuer ni ne blesser personne, comme me l'avait ordonné le roi Mérenrê.

– Qui a tué mon époux ?

– On a retrouvé une courte flèche empoisonnée plantée dans le cou de Pharaon... Une flèche semblable à celles dont se servait parfois le Pygmée Bolo lorsqu'il accompagnait le roi Pépi à la chasse.

– Je sais, je sais... Je n'ignore pas de quelle manière le roi Mérenrê est mort.

– Bien, Majesté. Nous avions donc la signature, mais il nous manquait l'auteur de la missive. Or, quelques minutes après le drame, deux de mes hommes ont aperçu le Pygmée qui franchissait les portes de la ville des pyramides.

– Seul ?

– Un prêtre l'accompagnait, Majesté.

– Tes soldats ont-ils tout tenté pour l'arrêter ?

– Ils se sont immédiatement portés au-devant du présumé coupable afin de le contraindre, par la force s'il le fallait, à s'expliquer.

– Ont-ils réussi à mettre la main sur lui ?

– Hélas, Majesté, les lourdes portes de la ville se sont refermées à leur nez, et, malgré leur insistance, ils n'ont pu capturer le Pygmée Bolo. Si Sa Majesté me permet d'émettre une opinion, je dirais que la fuite du Pygmée, protégée par un prêtre de Ptah, ne peut que renforcer les soupçons qui pèsent déjà lourdement sur lui.

– Mais aussi sur certains membres du clergé, n'est-ce pas ?

– Oui, Majesté, sur certains membres du clergé... »

Nitocris leva les yeux au ciel, semblant chercher une réponse dans les motifs géométriques qui ornaient le plafond. Elle me cherchait. Elle tentait de toutes ses forces de percer mon esprit, comme au temps de notre enfance où nous nous appliquions à deviner nos pensées du moment. Cependant, Nitocris n'avait pas besoin de mon aide car, nul ne l'ignorait, seul le grand prêtre Ptahshepses commandait l'ouverture et la fermeture des portes de la ville des pyramides. Et dans cette ville, qui avait bénéficié de chartes d'immunité de plus en plus importantes au fur et à mesure que le nombre des prêtres funéraires croissait et que les offrandes augmentaient, ni les agents du Trésor royal ni les soldats du pharaon n'avaient le droit de pénétrer. Ainsi, les richesses que le clergé avait accumulées échappaient au contrôle de la Couronne.

Tout à coup, je perçus la pensée de Nitocris. Elle était aussi claire et pure que si elle me chantait à l'oreille :

« Il y a le Pygmée Bolo, et sûrement Ptahshepses. Si le grand prêtre de Ptah a comploté, il ne l'aura certainement pas fait sans l'accord d'Ipout ni la complicité de Khenou. Mais si c'est le cas, ces quatre-là ne suffisaient pas à mettre un pays à feu et à sang, comme cela s'est passé. Qui étaient les autres ? »

Nitocris émergea de ses pensées et regarda autour d'elle. Le commandant de la garde se tenait toujours à ses côtés, droit, le menton bien dessiné et les mâchoires serrées. Elle lui demanda des nouvelles de la grand-mère royale Neit, sa mère.

« L'épouse royale du pharaon Pépi ignore les faits qui se

sont produits. Ses yeux ne distinguent plus très bien les choses, et dans son esprit règne une douce confusion.

– Bien. Tu continueras à la maintenir dans l'ignorance. Et le vizir Khéti ?

– Hélas, Majesté, le vizir se meurt. »

Une ombre passa devant les yeux de Nitocris. Ses appuis se dérobaient les uns après les autres.

« Je veux, ordonna-t-elle à l'attention de Khay, que la grande litière d'apparat soit prête dès demain à l'aube, et qu'à la tête de la garde royale, tu m'escortes jusqu'au palais. »

VI

On avait rassemblé les soldats de la garde royale derrière le temple de Sekhmet, afin de garder secret le lieu où la reine avait séjourné. Nitocris prit congé de tous ceux qui l'avaient servie. Il y eut des embrassades, des mots doux, et chacun d'entre eux reçut un cadeau de la reine. Au moment de monter dans sa litière, Nitocris se retourna.

« Où est Satou ? » demanda-t-elle à Baba.

Son regard s'attarda sur le jardin dont on apercevait quelques arbres par la porte entrouverte. Elle revint sur ses pas et sembla s'adresser sur un ton de reproche à l'un des piliers soutenant le portique de la cour. Une main large apparut, puis un bras, une jambe et un torse puissant surmonté d'une grosse tête ébouriffée.

Nitocris arracha l'humble Satou à la colonne derrière laquelle il se dissimulait et le conduisit au milieu de la cour. Là, en pleine lumière, la reine déposa un baiser sur la joue du géant, qu'elle avait chargé de veiller sur la petite Nofret et sa nourrice. Aux abords de la demeure, trois mendiants étaient adossés au mur. Mais ces mendiants-là ne tendaient jamais la main. Ils étaient vêtus de longs manteaux qui dissimulaient le casse-tête et le glaive protecteur.

La garde royale était alignée devant la face est du temple lorsque parut la litière de la reine, portée par six Nubiens qui allaient d'un même pas. Le rideau s'écarta et Nitocris surgit dans la lumière, vêtue d'une simple robe de lin blanc.

Sur ordre de leur commandant, les deux premiers rangs s'ouvrirent et se rangèrent perpendiculairement aux murs du temple. L'épouse du pharaon Mérenrê se tint un instant sous le portique, ses cheveux flamboyant au soleil, et la joie des soldats fut si grande qu'ils frappèrent leur bouclier du plat de leur arme. Leurs mines réjouies disaient qu'avec Nitocris les temps heureux allaient revenir. L'inondation monterait à sa bonne hauteur, les jours seraient longs, les nuits paisibles, et la lune serait pleine chaque mois. Tout en louant le retour de la reine, ils dévisageaient avec curiosité ce jeune homme qui la suivait pas à pas et qu'ils n'avaient jamais aperçu à la cour. Qui était-il ? La reine aurait-elle déjà trouvé un successeur au pharaon défunt ? Ils cessèrent de se poser ces questions lorsqu'ils surprirent le regard que le jeune homme échangea avec Beket, la suivante de la reine. On ne pouvait pas s'y tromper. Ces deux-là étaient amoureux.

Un faucon passa en criant devant la litière de la reine, mais personne ne l'entendit. Un peu plus tard, il revint frôler le nez d'un soldat de l'escorte, et celui-ci ne broncha pas.

Las de ne pas être vu par les hommes, je me perchai sur l'épaule du premier porteur, puis, d'un coup d'aile, je me portai au-devant de la troupe pour le simple plaisir de la voir avancer vers moi. Je sentis brusquement un méchant pincement à la patte. Un chien m'avait happé entre ses crocs. Je déployai mes ailes et lui assénai un coup de bec sur la truffe.

Ainsi, dans leur totale innocence, les nourrissons et les animaux pouvaient distinguer mon ba !

Prenant subitement conscience de cela, je décidai de métamorphoser mon ba en faucon lorsque je souhaiterais prendre de la hauteur, en scarabée pour me glisser entre les seins de Nitocris, en mouche pour boire au coin de ses lèvres, en vipère céraste quand je ceindrais son front, et en lion chaque fois que j'accompagnerais la litière de mon épouse. Ce que je fis aussitôt.

Le chien coucha ses oreilles et montra les crocs avant de s'enfuir, la queue basse. Les soldats regardèrent autour d'eux. Rien. Aucune créature de Seth ou de Sekhmet n'était apparue.

« Chien fou ! lancèrent-ils en direction de l'animal.

– À croire qu'il a vu un lion... »

Ils lui jetèrent des pierres et récitèrent les prières qui conjurent le sort, car ils étaient certains que l'animal était frappé d'une maladie pestilentielle envoyée par les dieux néfastes, et qu'il était préférable de s'en éloigner au plus vite.

Une partie du palais dormait encore lorsque Nitocris franchit les portes du premier pylône.

Beket la prit par le bras.

« Cou-rage, je-suis-là, articula-t-elle lentement.

– Il me semble que Mérenrê va apparaître à tout moment... Qu'il s'est caché derrière la statue d'Hathor et qu'il va surgir en disant : “Te voilà enfin ! Mais où étais-tu donc passée ? Il y a une éternité que je te cherche...” »

Beket accentua la pression de sa main et appuya sa tête contre l'épaule de la reine.

Accroupis devant un bassin, trois prêtres se rasaient soigneusement le crâne. Le parfum de l'encens se répandait autour des statues des dieux, les enveloppant d'une senteur protectrice.

Nitocris fit un signe en direction de Khay. Une dizaine d'hommes s'engouffrèrent derrière la reine dans les couloirs du palais. Deux gardes postés devant la porte des appartements royaux jetèrent leurs armes à terre et se prosternèrent devant l'épouse royale. Elle fit signe à ses hommes de les écarter et d'ouvrir la porte.

Khenou était étendu en travers de sa couche et dormait profondément. La double couronne dont il était coiffé s'était en partie décrochée et gisait sur sa poitrine, se soulevant au rythme de sa respiration. Nitocris s'approcha et lui tapota doucement la joue. Il ouvrit les yeux et lui sourit :

« Nitocris, ma sœur... Tu étais justement dans mon rêve... Mais que fais-tu ici ? La Lointaine est-elle revenue ?

– Oui, elle est de retour... Après s'être éloignée, la Lointaine, la fille du soleil, s'en revient au palais, entraînant avec elle les eaux de la crue... »

Khenou lui répondit :

« Mais non, tu es Isis pleurant son époux Osiris... Ne dit-on pas que l'inondation était née de ses larmes ?

– Oui, on dit cela aussi... Oui, Khenou, je pleure moi aussi la mort de mon frère... »

D'un geste presque tendre, Nitocris écarta le pschent[1] et le posa sur le couvercle d'un coffre.

« Mon pauvre Khenou, cette couronne est beaucoup trop grande pour toi !

– Et trop lourde aussi...

– Qui a osé poser la coiffe divine sur ta tête ? Pas toi, j'espère ?

– Non.

– Qui alors ?

– Tu le sais bien... »

Nitocris lui parla très doucement, comme à un enfant.

« Oui, bien sûr... Dis-moi maintenant... Qui était derrière toi ?

– Mais tu sais bien...

– Ipout et Ptahshepses ? »

Khenou poussa un grand soupir et regarda au plafond, tel un petit garçon pris en faute.

« Qui d'autre ? insista Nitocris.

– Je ne sais pas.

1. Le pschent est le nom donné à la double couronne, qui représente les Deux Terres. Elle est blanche pour la Haute-Égypte, rouge pour la Basse-Égypte.

– Fais un effort.

– Je t'assure que je ne sais rien. Si je savais quelque chose, je te le dirais, mais je ne sais rien ! »

Nitocris lui donna une petite tape sur les joues.

« Je te crois, Khenou, je te crois... De toute manière, que tu me le dises ou non n'a aucune importance. Tôt ou tard je le saurai. Et lorsque je saurai tout, je frapperai. Pour que mon châtiment soit exemplaire, je frapperai au moment où ils s'y attendront le moins. Tu peux le leur annoncer. »

Khenou cessa subitement de jouer à l'enfant et, fixant Nitocris droit dans les yeux, il lui dit :

« Cette couronne qui est beaucoup trop lourde pour moi voudrais-tu m'aider à la porter ?

– Moi ? Mon petit Khenou, voilà qui est très généreux de ta part... »

Le prince se redressa sur son lit et tendit une main timide vers la reine.

« Tu accepterais ?

– Peut-être... Mais que dirait ta mère ?

– Ma mère, ma mère !... Je suis grand à présent !

– Au point de lui désobéir ?

– Les femmes me trouvent désormais à leur goût. Et j'ai depuis longtemps passé l'âge de recevoir des ordres d'Ipout ! »

Nitocris le dévisagea d'un air songeur. Khenou crut y déceler la marque d'un fléchissement, d'un attendrissement de bon aloi. Il poursuivit :

« Je n'ai jamais oublié le jour où tu m'as sauvé de la noyade dans le grand bassin. Ce jour-là, malgré la fraîcheur de l'eau, tes seins et tes cuisses m'avaient brûlé plus fort que le feu. Depuis, cette sensation me poursuit. »

Un frisson de dégoût parcourut Nitocris, mais Khenou ne le remarqua pas.

« Tu n'en as jamais parlé à ta mère, j'espère.

– Jamais. »

Nitocris scruta gravement le fils d'Ipout.

« Khenou, où ensevelirons-nous le sarcophage de mon bien-aimé Mérenrê ?

– Mais... je ne sais pas, dit-il en battant d'une sandale impatiente le sol de la pièce, le pauvre Mérenrê n'a même pas eu le temps d'entreprendre la construction de sa pyramide...

– C'est vrai, il n'en a pas eu le temps. Pas plus que moi, d'ailleurs. Tu sais, Khenou, Mérenrê t'appréciait tant que je me demande parfois s'il n'aurait pas aimé t'accorder l'honneur de l'accompagner dans la mort...

– Il ne m'aimait pas à ce point.

– Si, si... Il avait un jour visité le tombeau du roi Négadah... Et, le sais-tu, dans les petites chambres attenantes à celle du pharaon, on a retrouvé ses femmes, ses gardes du corps, ses nains et ses chiens. Tous l'avaient suivi dans la mort. Car aucun de ses fidèles amis ne devait lui manquer au royaume d'Osiris. Oui, je me souviens parfaitement que ce jour-là, Mérenrê m'avait dit qu'il aimerait t'avoir à ses côtés lorsqu'il partirait dans son horizon... »

Khenou semblait désemparé et tentait de déchiffrer le visage impassible de Nitocris.

« Il... il me l'aurait dit, je crois.

– Rassure-toi, Khenou, ces coutumes d'un autre âge n'ont plus cours. Nous avons appris à ne plus tuer pour le plaisir d'entraîner avec nous ceux que nous aimons. Nous tuons par calcul, par ambition, par bassesse, corruption, perversité. Ce qui nécessite un peu plus de raffinement et représente un très grand progrès, n'est-ce pas ? Qu'en penses-tu, Khenou ?

– Tu as sans doute raison...

– Sais-tu ce que tu vas faire à présent ? Tu vas docilement regagner tes appartements, et tu n'en sortiras que lorsque je t'en donnerai l'autorisation.

– Mais pourquoi ?

– Pour ta sécurité, bien sûr.

– Je le dirai à Pipou ! Je suis sûr qu'elle t'en empêchera ! D'ailleurs, tu n'as pas le droit de faire une chose pareille...

– Tu crois ça ?

– Ma mère me l'a dit ! »

Nitocris frappa dans ses mains et se leva.

« Reconduisez le prince Khenou dans ses appartements ! » dit-elle aux gardes.

Elle sortit rapidement de la pièce et passa devant Khay.

« Suis-moi ! »

Elle parcourut les longs couloirs qui conduisaient au quartier des femmes, se fit ouvrir plusieurs portes. Elle se planta enfin devant les appartements de la reine Ipout.

« Qu'elle vienne jusqu'à moi », ordonna-t-elle à Khay.

Quelques instants plus tard, Ipout apparaissait sur le seuil. Elle resta un long moment à scruter Nitocris, les yeux écarquillés, secouant la tête d'un air incrédule.

« Que veux-tu ? demanda soudain Ipout d'une voix grinçante. Qu'as-tu fait de mon fils Khenou ? »

La grande épouse royale la dévisageait sans dire un mot.

« Que veux-tu ? » répéta Ipout.

Nitocris ne répondit rien et tourna brusquement les talons. Elle avait suffisamment lu dans les yeux de la vieille reine pour savoir qu'elle n'était pas étrangère au meurtre de Mérenrê.

« Veille à ce que la reine ne manque de rien, dit-elle à Khay, et qu'elle ne transmette aucun message, ni directement ni par l'intermédiaire d'une de ses servantes. »

Le visage de la vieille Selima s'illumina dès qu'elle vit approcher Nitocris. La fidèle suivante de la reine Neit la fit entrer dans les appartements de la mère royale, lui versa de l'eau sur les mains, les essuya doucement. Puis elle la prit dans ses bras et la serra longuement, comme elle avait l'habitude de le faire lorsqu'elle n'était encore qu'une petite princesse aux joues roses.

« C'est vrai ce qu'on dit de ton frère ? Il a vraiment été assassiné ?

– Oui. »

Selima traça quelques signes dans les airs en marmonnant :

« Qu'ils soient maudits ceux qui ont osé porter la main sur Mérenrê ! Promets-moi que tu leur feras payer leur forfait !

– Je te le promets. Comment se porte Neit ?

– Les dieux de l'ennéade en soient remerciés, elle ne sait rien de ce qui est arrivé à son fils. Hélas, un voile opaque a obscurci son regard et elle ne distingue plus les formes. Mais elle reconnaîtra ta voix. Bien que sa tête soit encore solidement posée sur ses épaules, il lui arrive parfois de ne plus savoir où elle se trouve, ni à qui elle est en train de parler. »

Selima tâta les bras et les épaules de Nitocris, lui caressa le ventre, s'attarda sur les petits os qui saillaient sous le voile de sa robe.

« Tu es trop maigre. Tu ne manges pas ? Il faut prendre des forces. Tu dois être invincible si tu veux venger ton frère. Viens ! Tu vas manger avec moi.

– Il faut d'abord que je voie ma mère.

– Elle dort encore. Tu la verras après avoir mangé. Tu veux quoi ? Un canard rôti et quelques beaux fromages ? Un gâteau de miel, de dattes et de raisins secs ?

– Oui, j'ai très envie de tout ça, mais ce qui me ferait plaisir avant tout c'est ta soupe de lentilles ! »

La suivante de Neit passa un bras protecteur sous celui de Nitocris et, la serrant affectueusement contre son flanc, elle la conduisit vers la pièce de réception.

« Tu es montée sur les pierres... Qu'as-tu fait de ton enfant ?

– Je ne peux rien te dire.

– À moi qui t'ai lavée, soignée, nourrie, consolée lorsque

la lune était trop lourde au-dessus de ta tête, à moi tu ne peux rien dire ? !

– Pardonne-moi, Selima, mais c'est pour sa sécurité à elle que...

– À elle ? C'est donc une fille ? À qui ressemble-t-elle ? Dis-moi ! Elle a tes cheveux ? Non ? Alors elle lui ressemble. C'est ça ? Elle lui ressemble ? »

Nitocris poussa un profond soupir et se rendit. On ne pouvait jamais rien cacher à Selima.

« Oui... Elle est tout cela. Et plus. Elle ne voit rien encore, mais on dirait qu'elle aperçoit des choses. Hier, je l'ai surprise à suivre une ombre de ses yeux qui ne voyaient pas, et j'ai cru un instant...

– Quoi ?

– Si je croyais tout ce que disent les prêtres, j'aurais pensé qu'elle suivait le ba de son père, et que pour l'amuser il déployait ses ailes et agitait la tête... »

VII

Khéti était allongé sur son lit et semblait dormir, la tête légèrement inclinée. Un filet de bave humectait la commissure de ses lèvres. Le vizir du roi Pépi était si pâle et si gris que l'espace d'un instant, Nitocris le crut mort.

Le médecin royal s'inclina devant elle et, l'entraînant à l'écart, lui chuchota à l'oreille :

« Je l'ai vu décliner de jour en jour depuis la disparition de son fils Ameni. Hélas, aujourd'hui plus rien ne semble retenir mon vieil ami sur la terre. Il semble résolu à entreprendre son dernier voyage vers l'Ouest.

– Tu crois qu'il va mourir ? »

Le médecin royal leva les bras en signe d'impuissance et de fatalité.

« Sans doute, bientôt... »

Nitocris retourna au chevet du père d'Ameni, saisit entre ses doigts cette main rêche qui lui avait si souvent caressé la tête et l'embrassa doucement. Khéti ouvrit doucement ses yeux rougis par la fièvre et dit :

« J'ai eu peur pour toi, tu sais... Ton pauvre frère...

– Oui, je sais...

– Trouve d'abord les meneurs... Pends-les aux murailles... Après, tu feras tomber les têtes. Tu auras le temps d'accomplir ta vengeance. Mais aussi, renforce ta garde. Ramène les prêtres et les nomarques à la raison. Il ne faut pas les laisser devenir trop riches et trop puissants... La Couronne doit être forte pour que le calme revienne. Mais ne t'avise pas de prendre le pouvoir par la force. Attends qu'ils te l'offrent... Ils ne pourront pas faire autrement. Ce que je n'ai pas eu le temps d'accomplir avec ton frère, fais-le ! »

Nitocris posa ses lèvres sur le front du vieillard, approcha son oreille de la bouche du vizir afin qu'il lui donne ses derniers conseils. Khéti reprit la parole. Sa voix était curieusement ferme, comme au temps de sa jeunesse.

« Sache, ma chère enfant, qu'il est bon que le peuple soit heureux et qu'il se réjouisse abondamment... Que la navigation sur le fleuve soit dépourvue de dangers et que les hommes construisent des pyramides, creusent des étangs et des canaux, plantent des arbres pour le plaisir des dieux... Il est bien que les lits soient préparés et l'opulence en sûreté car l'homme a besoin de sécurité... Il est bon que sa porte soit verrouillée sur lui de crainte que la mauvaise vie ne le mène à sa perte... Sache enfin que celui qui se bat pour sa famille se protège lui-même, et qu'il est bon de multiplier les guerriers afin qu'ils repoussent les mauvais coups... Ne pleure pas, car je suis heureux de rejoindre mon fils Ameni et ton frère Mérenrê. Qu'ils te bénissent, comme je te bénis, chère enfant... »

Le vieillard étreignit une dernière fois la main de la reine, puis la pression se relâcha.

« Tu te souviens, dit-elle, que Mérenrê ne voulait pas régner, et que je l'ai presque forcé à monter sur le trône... Tu te souviens de sa soif d'apprendre sous ton enseignement ; comme il était avide de savoir, de comprendre, combien, pour cela, il a passé d'heures en ta compagnie ? »

Nitocris releva la tête. Le vizir ne l'entendait plus. Le médecin royal s'approcha et ferma les yeux de Khéti.

« Que les dieux qui l'aiment le protègent... », dit Nitocris.

Elle se releva. Le médecin s'inclina respectueusement devant la reine et ses vertèbres craquèrent comme une branche de bois sec. Au moment où elle s'apprêtait à quitter la pièce, elle se tourna une dernière fois vers lui.

« J'ai versé quelques larmes lorsque le vizir a rendu l'âme, de sorte que je n'ai pu voir comment son ba lui est sorti par le nez pour s'envoler vers le soleil.

– Hélas, ma vue a baissé, répondit le médecin royal, et je n'ai rien pu voir. Mais je donnerais beaucoup pour assister à pareil spectacle.

– Toi qui es un médecin renommé, un homme de science qui ne se laisse pas impressionner par les légendes, crois-tu à ce genre de miracle ?

– De nombreux témoins certifient que c'est vrai. Pour ma part, je ne peux rien dire car je n'ai jamais assisté à cette manifestation de l'âme. Mais pourquoi pas ? Il y a tant de phénomènes étranges que nous ne pouvons expliquer, et les hommes comme les dieux sont capables d'inventer tant de choses qui défient le bon sens...

– Mais alors, pourquoi sommes-nous incapables de distinguer le ba ?

– Peut-être se déplace-t-il trop rapidement pour que nos yeux le voient... Et puis, le temps des morts n'est sans doute pas le même que le temps des vivants puisqu'ils s'apprêtent à vivre des millions d'années... Le sais-tu, on dit que le ba est capable de prendre différentes formes ? Il peut être cet oiseau sur la branche du sycomore, ce serpent sortant de son trou, ce crocodile dont les mâchoires se referment sur ta main comme le coffre du temple de Ptah au nez des indigents, cette fleur de lotus qui s'ouvre au soleil... Qui sait si l'âme n'est pas capable de prendre toutes ces formes et bien d'autres encore, et si elle ne séjourne pas aujourd'hui ici et là demain, à chaque endroit où elle le désire ? »

Le discours du médecin royal emplit Nitocris d'espoir. Serait-il possible que le ba de Mérenrê se cache derrière cette hirondelle qui traverse le ciel, ou dans ce scarabée à la carapace polie comme le jaspe ? Nitocris était si avide d'entrer en rapport avec Mérenrê qu'elle était prête à tout croire, même l'inconcevable.

Elle sortit rapidement. Le médecin royal s'inclina devant elle lorsqu'elle franchit le seuil de la chambre. En partant, elle jeta un regard appuyé sur une fourmi noire qui semblait la dévisager en agitant ses antennes. Elle sourit à l'insecte, mais ce n'était rien d'autre qu'une authentique fourmi.

VIII

Nitocris avait suivi les conseils de Khéti. Elle commença par libérer Ipout et Khenou puis, apprenant la reprise imminente des troubles par la bouche de son espionne Satipi, décida de ne rien faire pour les contrarier.

Un matin, Baba se présenta. Il voulait lui parler. En privé :

« Donne-moi dix hommes. Je les choisirai moi-même. Dans huit jours, tu en sauras davantage que les fauteurs de troubles eux-mêmes. »

Nitocris sourit :

« Comment feras-tu ?

– J'ai encore quelques connaissances dans les Maisons de la Bière, parmi les mendiants et les filles à marins... »

Chaque jour au lever du soleil, Baba quittait la maison dans laquelle il venait d'emménager en compagnie de Beket. Tandis que sa jeune épouse se dirigeait vers le palais pour prendre son service auprès de la reine, il descendait vers le port en compagnie d'un de ses hommes. Le burin de son enfance coincé dans la ceinture de son pagne, la tunique sale et déchirée, le jeune homme hantait les marchés, les ruelles et les Maisons de la Bière. Il ne posait jamais de questions. Il écoutait, mais ne donnait jamais son avis. Ni sur ce qui se passait dans la Grande Maison, ni sur les taxes, ni sur la prochaine crue. Il s'arrangeait pour rentrer chaque soir avant le crépuscule. Alors il retrouvait Beket, et tout était comme dans ses rêves. Elle s'élançait dans ses bras en disant lentement :

« Ba-ba... Mon Ba-ba... »

Puis elle lui demandait :

« Tu-as-trou-vé ?

– Pas encore. »

Elle déposait tendrement un baiser sur ses joues couvertes de poussière et lui murmurait à l'oreille :

« Bien-tôt... »

Baba n'était plus si pressé de retrouver Zaki, le meurtrier de sa mère Zina. Dès que les troubles reprendraient, celui-ci réapparaîtrait. Il en était convaincu.

Les hommes dont la langue ne fait pas de nœuds dans la bouche étaient allés répandre la mauvaise parole dans les campagnes et dans la ville. Peu après, la foule s'était rassemblée devant le temple de Ptah, le long de l'allée des sphinx et aux abords du palais.

Hier, on leur avait dit de crier « Maudit Pharaon » et ils avaient crié. On leur avait raconté des choses horribles à son sujet et ils les avaient crues. Puis le pharaon était mort. Durant quelques semaines, ils avaient vécu de ce qu'ils avaient pris aux riches. On les avait convaincus que ces biens leur appartenaient. Et qu'ils pouvaient de plein droit vivre sur terre, s'y reproduire et s'y nourrir ainsi que les dieux l'avaient décidé.

Aujourd'hui, ce qu'ils avaient dérobé était épuisé. La récolte menaçant de pourrir dans les champs, ils s'étaient de nouveau rassemblés. Contre qui allaient-ils diriger leur colère ? Ils ne savaient même plus s'ils étaient en colère.

Mais ils avaient toujours faim.

Baba prévint la reine de la reprise des troubles deux jours avant que Satipi ne l'en informe ; la cuisinière en fut blessée dans son cœur d'espionne, et grimaça un sourire de mépris à l'intention de ce jeune homme venu de nulle part, et qui avait trop d'emprise sur la reine.

Nitocris ordonna au commandant de la garde royale de masser ses troupes autour du palais et de n'en bouger sous aucun prétexte. Puis, en secret, elle envoya une dizaine d'archers de sa garde personnelle en renfort pour protéger la demeure où vivait sa fille Nofret.

L'annonciateur des heures venait à peine de sonner la sixième lorsqu'un groupe d'hommes conduit par Baba sortit du palais. Ils étaient sales et vêtus de guenilles ; ils avaient pour mission de suivre les meneurs et de les identifier.

Le gros de la foule se rassembla devant le temple de Ptah, afin de se mettre sous la protection du dieu et du clergé.

Comme tous les autres, Baba s'assit dans la poussière. Il prêta une oreille attentive à ses voisins, murmurant avec eux cette étrange mélopée qui mêlait aux prières traditionnelles d'autres suppliques plus prosaïques :

« Ô grand dieu Horakty, fais en sorte que mon mari ne sache rien de mes mensonges ; ô dieu des dieux, ô toi, immense Rê, guéris mon bœuf de la maladie, et rends la vue à mon fils aveugle... Ô grande Sekhmet, fais que tes messagers empoisonnent le champ de mon voisin, car il a volontairement abîmé mes arbres fruitiers... »

La chaleur du soleil chassa brusquement la fraîcheur de la nuit. Plusieurs individus de haute taille arrivèrent. Tous portaient, accrochée à un collier de pierres noires, la croix de vie ankh. Ils parcoururent la foule en tapotant l'épaule de l'un, en serrant l'autre dans leurs bras tandis que leurs serviteurs jetaient quelques pains aux mains qui se tendaient. Plus loin, du côté de l'allée des sphinx, des prêtres de Ptah distribuaient au peuple la viande des offrandes et des corbeilles remplies de fruits. Les pauvres étaient si affamés que les disputes furent nombreuses et que le sang coula de nouveau.

Baba tressaillit. L'un des hommes à la croix de vie s'avançait dans sa direction en boitant légèrement. Baba le reconnut aussitôt. Un grognement sourd monta du fond de sa gorge :

« Zaki... Te voilà enfin... »

Le meurtrier de sa mère n'était plus qu'à quelques pas de lui lorsqu'un homme l'intercepta :

« Zaki ! Qu'est-ce qu'on fait ici ?

– On attend. Il paraît que l'épouse de Mérenrê est rentrée au palais.

– C'est là qu'elle habite, non ?

– Oui, mais ça ne leur plaît pas. Ils ne veulent pas plus d'elle qu'ils ne voulaient de son frère.

– Et maintenant ?

– On les fait crier.

– Quoi ? Qu'est-ce qu'ils crieront cette fois-ci ? "Maudit Pharaon, rends-nous notre joie de vivre ? Affameur du peuple ?"

– Non, bien sûr, on ne peut plus dire ça...

– Alors quoi ? »

Zaki se gratta le sommet du crâne :

« On doit faire courir le bruit que la maudite Nitocris a tué son frère pour s'asseoir sur son trône et coiffer la double couronne...

– C'est la vérité ?

– Bien sûr que non !

– Alors pourquoi affirmerait-on une chose pareille ? »

Zaki eut un geste menaçant :

« Tais-toi ! Tu veux qu'on nous entende ? »

L'autre insista :

« Pourquoi mentirait-on ?

– Quand tu veux tuer ton chien, ne dis-tu pas qu'il est devenu fou et qu'il mord les enfants ?

– Non... De toute façon, personne ne le croira. Qui croirait une chose si bête ? »

Zaki haussa les épaules et tourna les talons.

« Peser..., chuchota Baba à son compagnon, cours vite chez Satou et demande-lui de me rejoindre ici ! »

Peser remonta l'allée des sphinx d'un pas pressé et se mit à courir dès qu'il fut hors de vue de la foule. Il courait toujours lorsqu'il dépassa le temple de Sekhmet, et ne ralentit qu'au moment où il arriva au pied de la colline où était perchée la maison de Satou. Une centaine d'émeutiers s'en approchaient en vociférant. Peser les rejoignit en prenant bien soin de rester à l'arrière.

Derrière les murs, Satou organisait la défense de la résidence. Senen descendit au fond du cellier avec ses enfants et Nofret, puis on camoufla l'ouverture sous des détritus, des branches mortes, des pierres et toutes sortes d'outils hors d'usage. Une fois les enfants à l'abri, Satou fit placer plusieurs rangs de lances au bas des murs de manière à dissuader les assaillants de sauter dans la cour. Puis il envoya sur le toit un guetteur à la vue perçante, et dissimula les archers de Nitocris derrière les parapets de la terrasse.

Un nuage de poussière annonçait l'arrivée imminente des émeutiers. Satou prit sa lance, son casse-tête et son bouclier, se campa devant la porte d'entrée à doubles battants que deux soldats étaient chargés de manœuvrer. Il disposa une dizaine de ses hommes derrière lui, adoptant la même formation que les oies sauvages lorsqu'elles prennent leur envol pour des contrées lointaines.

Le nuage de poussière se rapprocha, et bientôt les émeutiers piétinèrent derrière le portail, le secouant et le martelant à grands coups de bâtons :

« Ouvrez la porte !

– Nous avons faim !

– Nous ne sommes pas des brigands... Nous ne sommes

que de pauvres paysans dont les enfants meurent de faim... Ouvrez ! »

Puis une autre voix, plus forte que les autres, s'éleva :

« Cessez d'implorer ces traîtres qui ont conspiré contre le roi, qui l'ont assassiné avec l'aide de la maudite Nitocris... Qu'attendez-vous ? Venez ! Ils ne sont qu'une poignée et nous sommes plus de cent ! »

La porte vibra sous la pression de la foule.

« Ouvrez ! » ordonna Satou à ses soldats.

Une grappe d'hommes se déversa subitement dans la cour, et les premiers s'affalèrent aux pieds du colosse.

« Fermez ! » cria-t-il.

Les lourdes portes se refermèrent derrière une vingtaine de pauvres hères aux jambes emmêlées qui peinaient à se relever et regardaient les soldats qui leur faisaient face d'un air craintif.

« Qui commande cette troupe de bouseux ? » demanda Satou en fronçant les sourcils.

Personne ne répondit. Satou s'approcha d'un jeune homme malingre et, le saisissant par le cou, il le souleva de terre sans la moindre difficulté. Les pieds du jeune homme s'agitèrent dans le vide, ses bras pendant le long du corps. De sa main gauche, Satou saisit un autre paysan qu'il éleva à la hauteur du second, cognant leurs deux têtes l'une contre l'autre. Doucement d'abord, puis de plus en plus fort. Leurs mains se tendirent en même temps vers un homme de grande taille qui portait la croix ankh au bout d'un collier de pierres noires.

Satou ouvrit ses larges poings et les deux hommes s'écroulèrent sur le sol de brique crue.

« Qui es-tu ? demanda t-il à l'homme à la croix de vie.

– Je suis Haya et je...

– Est-ce toi que j'entendais raconter des choses horribles sur la reine Nitocris ?

– Je...

– Tu crois vraiment qu'elle a assassiné son frère ? Attends ! Ne te presse pas pour répondre, réfléchis bien avant...

– En vérité... la reine Nitocris n'a jamais voulu assassiner son frère...

– C'est bien, brave garçon, j'aime mieux ça... Mais dis-moi, qui a bien pu te mettre de pareilles idées dans la tête ? Donne-moi un nom, un seul !

– Il... il s'appelle Mersou.

– Mersou ?

– Oui, mais je ne l'ai jamais vu.

– Tu en es sûr ?

– Certain.

– C'est dommage... »

Le coup que lui asséna Satou lui fit perdre connaissance.

« Emmenez-le », ordonna le géant aux insurgés, tout en faisant signe à ses soldats d'ouvrir les deux battants de la porte.

Tous repartirent en silence, sauf un qui voulait obstinément entrer.

« Que veux-tu ? demanda Satou.

– Je m'appelle Peser », répondit l'homme de Baba.

Baba suivait discrètement Zaki. Le boiteux distillait le poison dans des oreilles aussi attentives que crédules.

Baba se souvint de son séjour dans la Maison de la Mort ; de ce jour terrible où il avait reconnu, parmi tant d'autres cadavres, celui de sa mère baignant dans le bassin de natron. Il revit les plaies du visage et du corps de Zina, se remémora le témoignage de son ancien voisin : « Ils la battaient... surtout Zaki, le plus jeune. Un jour, on l'a entendue hurler... »

Baba fit signe à Satou, qui arrivait au loin, de rester à distance. S'approchant d'un enfant qui se trouvait là, il tira un bijou en or de la poche de son pagne :

« Viens ici, petit... Tu vois cet homme, le boiteux ?

– Oui.

– Dis-lui que Keb veut lui parler tout de suite.

– Où ça ?

– À l'endroit habituel. S'il te demande où, tu réponds à la taverne de La Mandragore...

– S'il ne veut pas venir ?

– Tu insistes. Qu'il vienne tout de suite. Mais prétends que tu n'en sais pas plus, que tu ne sais pas pourquoi Keb veut le voir... »

Le garçonnet tendit la main vers le bijou que Baba faisait sauter dans sa paume.

« Tu l'auras, mais seulement après avoir fait ce que je t'ai demandé... Tu m'attendras à la porte de la taverne. »

Une fois assuré que Satou le suivait, Baba remonta l'allée des sphinx et s'engagea dans une ruelle qui conduisait au port.

« Où allons-nous ? Briser allègrement le cachet d'une bonne cruche de bière ? demanda Satou en posant son énorme main sur l'épaule de Baba. Tant mieux, l'inactivité commençait à me peser.

– Zaki..., répondit laconiquement le jeune homme.

– Zaki..., reprit Satou en écho, Zaki et Keb... »

Satou ne put s'empêcher de sourire en se souvenant de cette nuit où il s'était retrouvé ficelé au fond d'une barque, pendant que les hommes de Keb et Zaki précipitaient Baba dans les profondeurs du Nil. Il avait eu si peur pour son ami ce soir-là !

« Ne me dis pas, poursuivit Satou, que nous allons à la taverne de La Mandragore... »

La taverne était vide à cette heure de la journée. Dès qu'il aperçut Baba et Satou, le patron ouvrit des yeux étonnés. Ces deux-là n'avaient-ils pas été précipités dans le Nil peu de temps avant la mort de Mérenrê ? Il glissa la main sous son comptoir et en tira un solide gourdin. Au moment où l'arme allait s'abattre sur lui, Baba fit un pas de côté. Emporté dans son élan, le tavernier trébucha et le poing de Satou s'abattit sur sa nuque.

L'homme s'affaissa immédiatement sur le sol et ne bougea plus. Ils l'abandonnèrent dans une pièce attenante, sans se préoccuper de savoir s'il était encore en vie. Baba se rendit dans la petite salle au fond du couloir, où se tenaient jadis les réunions menées par Zaki et Keb.

Satou se dissimula dans la cour sombre, d'où il pouvait surveiller l'entrée de la salle. Baba posa son casse-tête contre un mur et se posta face à la porte, protégé par la demi-pénombre. Puis il glissa son coup-de-poing en silex à sa main droite et attendit en silence, le visage dur et fermé.

Un homme arrivait. Il pria le dieu Horus que ce fût Zaki le boiteux. Du fond du couloir qui le menait vers lui, il l'entendit crier :

« Keb ! Oh, Keb ! Où te caches-tu encore, immonde rat d'ordures ? »

Les pas du boiteux se rapprochaient et ses pendeloques tintaient à son collier lorsqu'il apparut sur le seuil :

« Pourquoi tu me fais venir jusque... »

Zaki tendit sa main devant lui et écarquilla les yeux.

« Qui es-tu, toi ? »

Lorsque Baba fit un pas en avant, Zaki fronça les sourcils. Les traits du jeune homme lui étaient vaguement familiers. Il reposa sa question :

« Qui es-tu ? Qu'est-ce que tu veux ? »

Baba fit un pas de plus :

« Tu ne te souviens pas de moi, Zaki ? »

Le boiteux ricana :

« Pourquoi ? Je devrais ?

– Tu te souviens de Zina ?

– Zina... Zina... J'en ai connu des Zina, et pas qu'une ! Si tu vois ce que je veux dire...

– La femme dont je te parle était veuve. Elle avait épousé un ivrogne, un bon à rien : Kakaï, ton père. »

Zaki blêmit brusquement :

« C'est toi, Baba ? Ce morveux de Baba ! J'ai souvent pensé à toi. Chaque fois, je regrettais de ne pas t'avoir tué. Tu étais trop gentil, tu étais le fils bien-aimé de maman. Et ta mère, elle était sacrément belle ! »

Baba réussit à garder son calme. À ignorer les mots de Zaki. À ne pas se laisser aller à la colère :

« Je veux que tu saches pourquoi tu vas mourir, Zaki. »

L'infirme fut pris d'un rire mauvais :

« Ah, parce que c'est toi qui vas me tuer ? Toi, pauvre chiure de mouche, pauvre excrément de la terre ? ! Remarque, je ne te donne pas tort, car quand tu sauras ce qui est arrivé à ta maman...

– Je ne veux pas le savoir.

– Quand mon père en a eu assez, il me l'a donnée contre dix cruches de bière. Et je vais te dire une chose... »

Les muscles des mâchoires de Baba se tendirent sous la peau.

« Ta mère Zina... »

Zaki poursuivit, un sourire narquois aux lèvres :

« Ta mère aimait se divertir avec moi ! Elle aimait tellement ça qu'elle criait et griffait, plus farouche et sauvage que la déesse lionne Sekhmet [1] !... Elle remuait son ventre comme une furie, et elle me mordait si fort l'oreille que... »

Baba réagit aussi vite que l'éclair. Son poing gauche percuta le plexus du boiteux. Son poing droit s'abattit sur sa tempe, et un flot de sang jaillit immédiatement.

Zaki n'était pas mort. Il râlait. Sa tête ballottait de gauche

---

1. Sekhmet, déesse lionne, est crainte dans toute l'Égypte. Son nom signifie « la puissante ». Identifiée à l'œil de Rê, son père, elle défend la royauté en tuant sans pitié tous ses ennemis. Elle se déchaîne parfois contre les hommes ; son souffle fait naître les tempêtes et provoque les épidémies.

à droite et la salive coulait de sa bouche. La haute stature de Satou s'encadra sur le seuil.

« On dirait que la réunion familiale a mal tourné », dit le colosse en souriant.

Il regretta immédiatement sa plaisanterie lorsqu'il regarda Baba. Le jeune homme s'était écroulé dans la poussière auprès de celui qu'il venait d'abattre.

Satou regarda son ami avec tristesse. Tête baissée, Baba sanglotait comme un enfant, lui qui était pourtant un homme dur et courageux. Même s'il n'en éprouvait pas de remords, sa vengeance ne lui procurait aucune joie. Baba se sentait vide et triste. Il n'avait qu'une hâte : se blottir entre les bras de Beket.

La ville était livrée aux émeutiers. On fit appel aux policiers medjays[1] afin de contenir la violence de la foule et de mettre un terme au pillage des magasins royaux. Ces derniers, peu enclins à risquer leur vie dans des guerres fratricides, tentaient mollement et sans succès de rétablir l'ordre.

Nitocris refusait d'intervenir. La situation se dégrada si rapidement que des délégations de hauts fonctionnaires et de notables vinrent demander son aide. Oui, elle voulait bien les aider. Mais il fallait avant cela que le Grand Conseil la nomme régente du royaume. Une fois le calme revenu, elle monterait sur le trône.

Certains hauts fonctionnaires de la cour émirent quelques réserves. Si Nitocris accédait au trône, elle serait Pharaon. Devrait-on pour autant l'appeler « Pharaonne » ? On rétorqua que ce mot désignant le palais, il n'y avait aucune raison qu'il prît un genre féminin. Par conséquent, il fallait qu'elle fût Pharaon et non Pharaonne.

Finalement, le plus sage d'entre eux fit valoir au Grand

1. Le peuple medjay était composé de nomades des hauts plateaux nubiens. Robustes et de haute taille, habiles au tir à l'arc, ils servaient fréquemment dans les forces de police égyptiennes.

Conseil que l'égalité entre les hommes et les femmes était si profondément reconnue en Égypte qu'il ne voyait pas pourquoi on en discutait. Pour clore le débat, il rappelait à tous que la déesse Isis avait été proclamée mère du genre humain en donnant la vie à son fils Horus, qui à son tour l'avait transmise à l'humanité. Pourquoi les hommes ne s'acquitteraient-ils pas enfin de la dette qu'ils avaient envers la mère universelle en permettant à la plus belle d'entre les femmes de monter sur le trône ?

Grâce au travail de Baba, la plupart des meneurs avaient été identifiés, capturés, puis transférés dans la prison attenante à la Grande Maison qui abritait la cour de justice. Devant la gravité de l'affaire, Nitocris souhaita que tous les accusés fussent interrogés par le juge suprême.

Le juge Tjenna, qui arborait autour du cou la statuette de la déesse Maât [1], insigne de sa dignité, leur avait posé à tous la même question, et tous lui avaient fait la même réponse : un homme du nom de Mersou était venu à eux...

Il était grand pour certains, petit et râblé pour d'autres, ou encore frêle et nerveux. Mais à tous, il avait donné le même nom : Mersou. Il leur avait offert de l'or et promis de belles demeures et de belles femmes pourvu qu'ils distillent le poison contre le pharaon...

Lorsque le juge Tjenna les informa que comploter contre le pharaon était puni de mort, ils répondirent :

« C'était très mal de notre part de comploter contre le roi Mérenrê car, ainsi que nous l'enseigne le sage Ptahhotep, la violence engendre toujours le malheur et la violence. Cependant, nous n'avions aucune conscience de ces préceptes. Le juge suprême doit savoir que, ayant nous-mêmes été battus

1. Fille de Rê, la déesse Maât est la garante de l'ordre universel, de la vérité et de la justice. Elle porte sur la tête une plume d'autruche et se tient sur l'un des plateaux de la balance lors de la pesée de l'âme des morts.

et maltraités par le passé, il nous semblait normal de battre à notre tour et d'engendrer le malheur... »

Tjenna les assura qu'il tiendrait compte de cet élément, puis il ajouta qu'ils devaient faire un effort de mémoire et lui livrer les noms de ceux qui se cachaient derrière ce mystérieux Mersou. Oui, ils devaient accomplir un immense effort de mémoire s'ils ne voulaient pas qu'il se sente offensé par un mensonge que le plus bête des enfants n'oserait jamais énoncer. Cependant, les conjurés protestèrent de leur innocence et jurèrent une fois de plus qu'ils n'en savaient rien.

« Peut-être, dit le juge Tjenna, changerez-vous d'avis lorsque, le visage en sang et les dents fracassées, vous me supplierez d'arrêter votre tourment ? »

Ils implorèrent sa clémence. L'un d'eux, au visage de brute et au corps puissant, déclara :

« Fais-nous arracher les membres, fais-nous scarifier, verse du natron sur nos plaies... Jamais nous ne pourrons avouer ce que nous ignorons ! »

On écouta ensuite les témoins des soulèvements. Tous affirmèrent que Zaki, Keb et les autres avaient encouragé le peuple à voler, à tuer et à piller, qu'ils les avaient incités à se rebeller contre le roi aux cris de « Maudit Pharaon ».

Le juge suprême annonça que le châtiment serait bien celui que la loi préconisait dans le cas d'atteinte à la vie du souverain. Il prononça la sentence de mort, et la régente la confirma.

À l'aube du matin suivant, les meneurs étaient conduits sur les murailles de la ville où ils furent pendus par les pieds. Seul Keb le tanneur était resté introuvable. Zaki, toujours agonisant, eut le privilège d'être transporté en litière sur les lieux de son supplice. Aux côtés de ses comparses, il se vida de son sang, goutte après goutte, par le cuir chevelu.

Deux jours plus tard, pour la première fois de l'histoire de l'Égypte, une femme gouvernait le pays des Deux Terres. Nitocris était reine d'Égypte.

IX

L'un après l'autre, les petits fonctionnaires reprenaient leurs charges. Ils les avaient abandonnées quelques semaines plus tôt afin de protéger leurs familles et leurs biens des étrangers, des voleurs ou des désespérés.

Le palais portait encore les signes des désordres que le pays avait subis. Un des mâts du premier pylône était cassé ; aucune des oriflammes en lambeaux qui les coiffaient n'avait été remplacée. Dans la cour d'honneur, une corne de la déesse Hathor s'était brisée, et la queue de babouin de Thot avait disparu ; il manquait une partie du petit escalier de la coiffe d'Isis.

De nombreux Égyptiens se rassemblaient chaque jour devant les murs du palais afin de demander justice ou d'implorer l'aide de la reine.

Un matin, les gardes du palais virent arriver une modeste famille, habillée à la manière des pêcheurs du Delta. L'homme portait la barbe. Une barbe drue, si épaisse et si noire qu'elle en paraissait bleue. Son torse était long et musclé et ses hanches étroites. L'enfant, qui tenait sa mère par la main, avait la peau claire de son père, et ses cheveux noirs encadraient une frimousse pleine d'intelligence et de douceur.

Le pêcheur parlementa avec le chef de la garde, puis on les vit partir en sa compagnie, flanqués de deux soldats en armes. Ensemble, ils prirent le chemin des appartements royaux. L'homme du Delta ne semblait pas le moins du monde intimidé par les gardes du palais ou les fonctionnaires qui circulaient sous les salles à colonnades. Il regardait avec intérêt tous ces hommes qui parcouraient les couloirs en s'apostrophant. Le chef de la garde les conduisit dans la pièce attenante aux appartements royaux :

« Attendez là, la reine va vous recevoir. »

L'homme fit signe à sa femme de se prosterner. Déjà Nitocris se trouvait devant eux :

« Tu dis que tu as un message d'Ameni, fils du vizir Khéti ? »

L'homme se mit à genoux, se redressa en maintenant humblement la tête baissée afin de ne pas croiser le regard de la reine.

« Donne-moi ce message que tu prétends avoir ! »

Le pêcheur releva lentement la tête et sourit à Nitocris.

« Ameni ! »

Elle se précipita vers lui, le serra dans ses bras. Puis, riant et pleurant à la fois, elle répéta :

« Ameni !... »

Nitocris se tourna vers la femme et l'enfant qui l'accompagnaient.

« Voici mon épouse Aniya... », dit Ameni.

La jeune femme esquissa une courbette suivie d'un curieux fléchissement des genoux.

« ... et voici notre fils Hori. »

Le regard d'Ameni allait de l'un à l'autre avec une satisfaction non dissimulée.

« J'ai deux ans et trois mois, dit Hori d'une voix fluette.

– Eh bien, répondit Nitocris, tu es un beau garçon et tu t'exprimes très bien pour ton âge... À présent, venez partager mon repas, car j'ai hâte d'entendre ton récit, cher Ameni ! »

Nitocris fit servir un véritable festin arrosé de vin du Fayoum, de jus de raisin muscat, de lait de chèvre et de brebis. Ils se régalèrent d'une pièce de bœuf assaisonnée d'ail, d'oignons et d'épices, accompagnée de petits pois, de fèves et de lentilles. Hori apprécia tout particulièrement les gâteaux aux dattes, et Aniya le cuissot d'antilope au miel.

La jeune mère s'éclipsa discrètement à la fin du repas sous prétexte de coucher Hori, qui se laissa faire sans protester. Nitocris se tourna vers Ameni :

« Avant que tu n'entames ton récit, je veux que tu saches que les derniers mots de ton père ont été pour toi et qu'il t'a béni dans son dernier souffle.

– Qu'il soit reçu en paix au royaume d'Osiris, où tôt ou tard nous le rejoindrons... »

Un bref silence s'installa. Les deux amis s'observaient en souriant.

« Tu as changé, dit Nitocris, tu es plus grand, plus large, plus fort.

– Et toi, plus belle que jamais, répondit Ameni.

– Mérenrê aurait été si content de te savoir en vie... Il avait tant besoin de toi. Pourquoi ne pas nous avoir prévenus que tu étais toujours en bonne santé ?

– Parce que la mémoire m'avait abandonné et que, durant plusieurs jours, je n'entendais ni ne voyais rien... Parce que je suis resté plusieurs semaines entre la vie et la mort. Oh, si tu savais comme elle est belle, la clarté des ténèbres ! Puis un jour je me suis réveillé, et devant moi se tenait la plus ravissante, la plus douce des jeunes filles. Mais j'étais incapable de lui dire qui j'étais car j'avais tout oublié de mon passé. J'ignorais d'où je venais, j'ignorais, bien entendu, que j'avais failli mourir à Beni Hassan, dans le nome de l'oryx, comme on me l'a raconté plus tard. La jeune fille, tu l'as deviné, était Aniya. Elle m'apprit que nous nous trouvions dans un village de pêcheurs, tout près de la ville de Bubastis, dans le delta du Nil. »

Ameni remplit leurs verres de vin de grenade, âcre et sucré, et poursuivit :

« Puis elle me raconta comment ses parents m'avaient trouvé, flottant sur le Nil, entouré de crocodiles s'apprêtant au festin... Durant quelques instants, ces bons pêcheurs me crurent mort. Alors qu'ils s'apprêtaient à me rejeter au fleuve comme un vulgaire poisson crevé, je toussai et recrachai une partie de l'eau que j'avais avalée. Ils m'installèrent au fond de leur barque, m'enveloppèrent dans une couverture de laine et descendirent le fleuve en direction de leur village... Plus tard, beaucoup plus tard, ils me racontèrent que lors de ce voyage, ils avaient vu passer le navire royal du pharaon ; à la proue se tenaient le prince Mérenrê et la princesse Nitocris, si beaux qu'on aurait dit que les dieux illuminaient la terre. »

La reine hocha la tête, songeuse.

« Pépi se mourait alors, et nous avons quitté Béni Hassan sans te retrouver...

– Et mon père ? Mon pauvre père...

– Il se désolait, comme tu peux l'imaginer ! Mais raconte-moi ton séjour parmi les pêcheurs !

– Le seul souvenir que je garde de ce séjour entre la vie et la mort, c'est le goût de ce bouillon aux herbes rares qu'Aniya me faisait avaler en écartant mes lèvres avec un instrument en bois. Comme je te l'ai dit, elle fut le premier visage que j'aperçus à mon réveil. Elle virevoltait autour de moi, entièrement nue, une simple bande d'étoffe masquant le bas de son ventre. Elle était si belle que j'étais persuadé d'être arrivé au royaume des morts. Comme j'avais tout oublié et que tout restait à découvrir, j'appris à nager comme un serpent d'eau, à confectionner des nasses, à tresser les tiges de papyrus, à les nouer de manière à fabriquer des nacelles plus légères que les libellules... J'appris à tailler des harpons, à distinguer la perche de la carpe, à reconnaître le chromis, les mormyres et les tétrodons ; je m'initiai au séchage du poisson, à la préparation de la boutargue... Je passai des journées à laisser traîner ma ligne au fil de l'eau, sur l'un de ces canaux qui se perdent au milieu des forêts de papyrus... Ma mémoire cependant continuait à paresser, et je ne savais toujours pas qui j'étais ni d'où je venais. La plaie que j'avais à la tête montrait que l'on m'avait frappé violemment. La gracilité de mon corps et la finesse de mes mains semblaient indiquer que j'occupais des fonctions pour lesquelles l'esprit est plus sollicité que le corps. Toutefois, cette blessure que l'on m'avait infligée m'apprenait que j'étais menacé. Soit je m'étais mal conduit – Aniya m'assurait que cela était impossible –, soit j'avais nui à quelqu'un, et représentais donc un danger à éliminer. Dans les deux cas, mieux valait pour moi ne jamais rien savoir ! C'est cette crainte qui m'empêcha, je crois, de recouvrer trop vite la mémoire. »

Ameni se tut et cligna des yeux très rapidement, plusieurs fois.

« Ce n'est rien, dit-il pour rassurer Nitocris, il m'arrive de ne pouvoir contrôler parfaitement mon corps !

– Je ferai venir le médecin royal pour toi... Continue !

– Le temps passa, la nage, la pêche et la chasse transformèrent mon corps, je devins très habile à tuer les canards au bâton de jet. L'enseignement que nos maîtres nous avaient donné dans la Maison de la Vie n'ayant pas totalement disparu de mon souvenir, les gestes qui apaisent la douleur revinrent assez naturellement. Je soignai un enfant malade aux paupières dévorées par les mouches et une femme atteinte par la fièvre des marais. Ces petites guérisons ainsi que la présence constante d'Aniya à mes côtés finirent par me faire accepter des habitants du village. Nous étions devenus si inséparables que pour couper court aux rires et aux sourires, je lui demandai de devenir ma sœur. Elle accepta, et l'enfant naquit. Curieusement, c'est à la naissance de mon fils que la mémoire commença à me revenir... »

Ameni marqua une pause.

« La première image qui surgit fut celle de la pyramide de Pépi. Puis le roi lui-même y fut associé. Je restai ensuite plusieurs jours sans faire de progrès. Un matin, alors que mes beaux-parents m'appelaient du nom qu'ils m'avaient octroyé mais qui n'était pas le mien, je m'entendis protester vivement et dire que mon nom était Ameni. À partir de ce jour, la mémoire me revint rapidement. Je nommai les gens que j'aimais, puis ceux que je n'aimais pas, je nommai les rois et les dieux, je taillai un calame dans une tige de roseau et, le trempant dans le sang d'un canard que je venais de tuer, j'écrivis mon nom, puis celui d'Aniya et de mon fils Hori. Il ne me restait plus désormais qu'à organiser mes souvenirs, planter des repères afin de pouvoir dire : "C'était avant la mort de Pépi" ou : "C'était après que Mérenrê fut désigné comme régent..." Je me souvins alors des conseils du vizir Khéti, de notre voyage à travers les nomes, des tentatives de Mennefer pour me détourner de mes investigations...

– Qu'avais-tu trouvé de si dangereux pour que Taharqa ait voulu te faire disparaître ? »

Ameni leva les bras avec un geste d'impuissance :

« Hélas, cette partie-là de mes souvenirs est encore perdue.

– Je présume qu'il ne s'agit pas de quelques sacs d'orge ou de blé...

– Non, bien sûr... Je crois... je crois qu'il s'agissait de plumes...

– On aurait voulu te tuer pour une histoire de plumes ?

– Non, bien sûr, cela paraît trop simple... Mais je suis sûr qu'un jour, cela me reviendra. Quoi qu'il en soit, le motif devait être suffisamment sérieux pour que je quitte mon poste... La dernière chose dont je me souviens, c'est l'odeur âcre de la transpiration du rameur que le vent du nord me rabattait dans le cou... »

Nitocris frappa dans ses mains. Elle demanda à la servante d'apporter une autre cruche de vin de Smyrha.

« Ce vent du nord, poursuivit Ameni, je l'entends encore dans les tamarisques et les roseaux. Il soufflait aussi dans les papyrus, le jour où j'appris la mort du pharaon Mérenrê. »

Nitocris renvoya la servante d'un geste.

« Nous ferons courir le bruit de ton amnésie car, dès que tu te seras rasé, tout le monde te reconnaîtra. Or, je n'ai pas l'intention de te perdre une seconde fois... À propos, te souviens-tu de la belle Mennefer ? demanda la reine dans un demi-sourire.

– Oui.

– As-tu réussi à te guérir d'elle ?

– Son souvenir est une flèche plantée dans mon cœur. La blessure est toujours douloureuse, mais elle ne saigne plus. Les soins d'Aniya ont enveloppé mon cœur d'airain pour empêcher la plaie de se rouvrir. »

X

Un vent frais soufflait sur la terrasse du temple de Ptah. D'un geste bref, le guetteur des constellations ordonna à l'homme-repère, accroupi devant lui, de cesser de bâiller et de ne pas dévier de son axe nord-sud. Il vérifia son alignement. L'étoile Sâr se trouvait au-dessus de son œil droit. Il était donc cinq heures du matin. Quand l'étoile d'Orion se placerait au-dessus de son œil gauche, il serait six heures.

« À sept heures, songea-t-il, si cet idiot d'homme-repère ne bouge pas, l'étoile qui suit Sothis se trouvera au-dessus de son œil gauche, et le service sacré commencera. »

Il était temps de réveiller les serviteurs du dieu.

Le guetteur des constellations se mit à chanter l'heure de sa voix cristalline, dont la pureté traversa les murs et les cours des maisons.

Dès que le boulanger entendit la mélopée monter dans la nuit, il ranima la chaleur du four, laissant à ses aides le soin de préparer les gâteaux et le pain. Non loin de là, le boucher abattait la bête du sacrifice dont le prêtre-vétérinaire avait reconnu la pureté. Dans les cuisines, les fruits et les légumes étaient empilés sur des plateaux, la viande purifiée par l'eau du puits sacré, les offrandes répertoriées.

La voix claire du guetteur résonna de nouveau.

Le ciel blanchissait peu à peu vers l'orient, et, parmi les étoiles qui ignorent le repos, Vénus scintillait de tous ses feux. Les prêtres se dirigèrent par petits groupes vers le lac sacré, leurs robes blanches dansant dans la pénombre comme des flammes mouvantes. Ils se pressaient le long des quatre rampes latérales, s'enfonçant jusqu'aux chevilles dans le léger brouillard qui flottait au-dessus de l'eau. À la suite du grand prêtre de Ptah, ils se trempèrent dans l'eau sacrée du lac qui, telle la mer initiale d'où le monde était sorti au grand Commencement, avait pour vertu de régénérer l'homme. Le ciel rougeoyait lorsqu'ils remontèrent le long des rampes.

La reine Nitocris avait annoncé sa venue, mais n'arrivait toujours pas. Ptahshepses se sentit soulagé de ne pas devoir l'affronter. L'assassin de Mérenrê, le Pygmée Bolo, était parmi eux. En le cachant, il se rendait coupable de haute trahison. Mais qui irait le dénicher dans la ville interdite des pyramides ? Il songea qu'il serait, par précaution, plus prudent de le supprimer, puis il prit la tête de la procession.

Les porteurs d'offrandes les avaient rejoints. Ils tenaient des plateaux chargés de fleurs et de fruits qui trônaient en équilibre sur leur tête. D'autres portaient à bout de bras des cruches de bière et de vin destinées à étancher la soif du dieu.

Arrivés près du sanctuaire, les hommes disposèrent les lourds plateaux sur les autels, glissèrent les jarres sur leur support et parsemèrent le tout de fleurs fraîchement coupées.

Ptahshepses gravit lentement les quelques marches qui le séparaient du sanctuaire, rompit le cachet d'argile qui en condamnait l'entrée et dit :

« Le lien est rompu, le sceau est brisé afin que cette porte soit franchie.

« Tout le mal qui était en moi, je l'ai écarté.

« Je viens t'apporter l'œil d'Horus. L'œil est à toi.

« Je suis Thot alors qu'il remettait l'œil à sa place. »

Il poussa le verrou :

« Le doigt de Seth est sorti de l'œil d'Horus et celui-ci fut déclaré sain. »

Le grand prêtre ouvrit la porte du sanctuaire. Une odeur d'encens et de cire froide s'échappa de la niche obscure. Le cierge du candélabre s'était éteint. Il en alluma un nouveau. Son ombre démesurée et celle de la barque sacrée dansaient sur les parois peintes aux couleurs vives. Au fond du sanctuaire, le naos sacré était clos par un sceau d'argile.

Alors qu'il s'apprêtait à le briser, il sentit comme un courant d'air et détecta une présence dans son dos. La voix claire de Nitocris rebondit sur les parois du sanctuaire :

« Retire-toi, Ptahshepses, et attends-moi dehors ! »

Le grand prêtre se figea, puis s'inclina et se retira sans un mot.

La reine rompit le sceau d'un coup précis et ouvrit délicatement les deux battants. La statue du dieu aux yeux d'améthyste brillait dans la pénombre. À cet instant, le soleil jaillit de l'horizon et les prêtres entonnèrent l'hymne du matin.

Nitocris apposa ses mains royales, rendant ainsi son âme au dieu afin qu'il reprenne possession de son corps terrestre et puisse régner le jour dans son temple, aussi présent parmi les hommes qu'il l'était dans le ciel. Puis elle fit apporter les viandes, les gâteaux, les légumes et les fruits du repas divin, présenta l'offrande de l'encens et de Maât. Ainsi, par ces deux actes symboliques s'accomplissait la remise au dieu de sa nourriture et de l'univers où règne sa puissance.

À l'entrée du sanctuaire, le crâne rasé de Ptahshepses luisait dans le soleil levant. De son regard pointu, le prêtre guettait le moindre faux pas, le plus petit manquement au déroulement de la cérémonie. Mais Nitocris n'omettait aucune étape du service sacré du matin, et chacun de ses gestes était empreint de précision et de grâce.

Après avoir lavé la statue du dieu, Nitocris la revêtit de byssus, un lin si fin que seuls les pharaons et les dieux pouvaient en apprécier la légèreté. De la main gauche, elle saisit le flacon d'albâtre qui contenait le précieux onguent medjet, y plongea le doigt et le posa sur le front de la statue divine en prononçant la formule consacrée.

Ptahshepses restait de marbre, mais son regard disait son désappointement de n'avoir pu prendre la reine en défaut. Enfin rassasié, lavé, vêtu et oint d'huile parfumée, le dieu Ptah pouvait rejoindre l'ombre du sanctuaire. Les forces divines étaient régénérées, prêtes à assurer, pour une nouvelle journée, leur rôle cosmique.

Après la cérémonie, Nitocris donna audience au grand prêtre dans l'une des petites salles du palais. Ptahshepses, qui n'avait pas revu la reine depuis la mort de Mérenrê, se répandit devant elle en lamentations d'usage :

« Jamais Pharaon si bon, si équitable, si soucieux de son peuple, si respectueux des hommes et des dieux n'avait régné sur la terre d'Égypte...

– Cesse tes bavardages de vieille femme ! l'interrompit brutalement Nitocris, et dis-moi plutôt où se cache le Pygmée Bolo. »

Ptahshepses pâlit et se mordilla les lèvres avant de répondre :

« Mais, Majesté, comment saurais-je où il se cache ?

– On a vu l'un de tes prêtres le conduire dans la cité des pyramides. Et malgré les injonctions de mes soldats venus l'arrêter, il semble qu'il y soit resté. »

Le grand prêtre se raidit :

« Je ne ferai pas l'affront à Sa Majesté de lui rappeler les chartes d'immunité accordées au clergé par ses prédécesseurs, qui interdisent aux soldats du pharaon d'y pénétrer... »

Nitocris frappa si violemment de son flabellum sur l'accoudoir de son trône que Baba, qui se tenait derrière elle à toutes les audiences, fit instinctivement un pas en avant, les sens aux aguets.

« Ptahshepses ! Tu n'es pas là pour me parler de ces privilèges démesurés octroyés par des pharaons avides de reconnaissance, qui de toute façon seront un jour ou l'autre révolus. Tu es là pour m'informer de la présence de Bolo à l'intérieur de ces murs que tu t'ingénies à défendre comme s'ils t'appartenaient. Aussi, et afin d'éviter une confrontation qui nous serait à tous deux préjudiciable, je t'ordonne de me dire si oui ou non le Pygmée se trouve sous la garde de tes prêtres ! »

Ptahshepses baissa la tête et marmonna une prière destinée à combattre le sort qui s'acharnait contre lui.

« Maintenant, dit-il lentement, que Sa Majesté me pose la question, il me semble qu'un de mes prêtres se soit pris d'affection pour ce nain... Mais je n'en suis pas sûr. Je l'ai simplement entendu dire... sans d'ailleurs y attacher une quelconque importance, tant je doute qu'il ait, de près ou de loin, participé à cette tragédie...

– Je ne te demande pas d'avoir un avis sur le sujet. Dès demain matin, tu me livreras Bolo. »

Ptahshepses s'inclina, prêt à prendre congé.

« Attends ! Je n'en ai pas encore fini avec toi ! »

Le grand prêtre dut s'incliner une nouvelle fois.

« Tu sais aussi bien que moi l'état de désordre dans lequel se trouvent les Deux Royaumes. Tu sais également que la famine sévit encore, même si le calme revient peu à peu. N'est-ce pas ?

– Oui, Majesté, répondit Ptahshepses d'une voix tremblante.

– Dis-moi, combien y a-t-il de serviteurs du ka pour le tombeau de Mérérou ?

– Quarante-sept prêtres funéraires, Majesté.

– Combien pour la pyramide de Merytaouy ?

– Environ cinquante-trois...

– C'est exact, assura Nitocris d'un ton coupant, cinquante-trois prêtres gros et gras s'engraissent des offrandes faites au pharaon... Et tandis que le peuple souffre de la faim, les prêtres se remplissent la panse...

– Mais, Majesté, il en a toujours été ainsi.

– Eh bien, il est temps que cela change ! Je veux que tu diminues de moitié le nombre de serviteurs du ka affectés aux différentes pyramides et aux tombeaux des nobles. Je veux également que la moitié des offrandes soit distribuée au peuple de manière équitable, tout au moins jusqu'à ce que la situation se rétablisse complètement en Égypte. »

Le visage de Ptahshepses prit brusquement la couleur de la cendre.

« Mais, Majesté... Que vais-je faire de tous ces prêtres funéraires ? Dois-je les pousser dehors et leur imposer de prendre la route ?

– Qu'ils cultivent à leur tour les champs que la Couronne a octroyés au clergé et contribuent ainsi à se nourrir, eux et leurs semblables. Quant à toi, grand prêtre de Ptah, contente-toi de faire dire à voix haute et fervente les prières que les occupants de nos tombeaux ne cessent de nous réclamer. C'est de cette manière que nous resterons fidèles à l'esprit divin. »

Nitocris se tut, puis congédia Ptahshepses d'un geste.

« N'oublie surtout pas le nain, ou j'irai moi-même le chercher ! »

XI

Beket pressa le pas. Baba avait été si tendre ce matin qu'au risque d'être en retard auprès de la reine, elle n'avait pu se résoudre à quitter son lit.

Comme chaque jour, alors qu'elle empruntait les deux ruelles qui séparaient leur maison du palais, Beket savourait son bonheur. Baba était fort, il était doux, il la protégeait de tous les dangers. Grâce à lui, elle ne revivait plus chaque nuit le cauchemar qu'elle avait vécu dans la nécropole, quelques années auparavant. Le souvenir de son viol, de cette lame lui entaillant la langue commençait à s'estomper. L'affection de Baba, elle en était sûre, l'aiderait à l'oublier tout à fait...

Beket adressa un gentil sourire aux gardes en faction qui la saluaient avec respect. Elle dépassa le premier pylône du palais, traversa la grande cour et tourna sur sa droite au cinquième pilier. Puis elle franchit une antichambre, salua d'autres soldats en armes et prit le couloir qui conduisait aux appartements de la reine.

La servante de Nitocris se tenait debout devant la porte de Pharaon, et de grosses larmes roulaient sur ses joues. Beket lui releva le menton et la jeune fille essuya ses yeux du revers de la main.

« La reine..., dit-elle, la reine pleure et je ne sais comment arrêter ses larmes. »

Beket tapota la joue de la servante et pénétra dans la

chambre royale. Nitocris était agenouillée. Les épaules secouées par de violents sanglots, elle enlaçait la statuette de Mérenrê.

Toute son enfance, Beket avait vu son père tailler le granit. Cette pratique quotidienne l'avait fait douter qu'une statue de pierre puisse être autre chose qu'un simple objet inanimé. Et certainement pas l'être vivant qu'elle représentait.

La statuette du pharaon Mérenrê avait été taillée dans un bloc d'albâtre par un artisan royal. Bien que les épaules aient été démesurément élargies, les muscles trop gonflés et les traits adoucis, sa ressemblance avec le modèle était suffisamment frappante pour que Nitocris en fût troublée.

Beket posa la main sur l'épaule de la reine.

« Ah, Beket... J'ai beau placer mes lèvres sur les siennes, presser mes seins contre son torse, l'inonder de mes larmes brûlantes, la pierre demeure toujours froide... La froideur de Mérenrê me désespère ! »

Sa suivante l'arracha doucement à son étreinte :

« Pie-rre... Seu-le-ment pie-rre ! »

Nitocris essuya ses larmes et grimaça un pauvre sourire en direction de la jeune femme. Puis elle se planta devant son long miroir de cuivre :

« Je ne pourrai jamais leur faire face avec cette tête-là ! Regarde ! Je suis horrible... »

Beket avança la main d'une caresse apaisante, ouvrit devant elle un petit coffre rempli d'onguents, de pinceaux et de fards.

La grande salle d'apparat était vide et encore dans la pénombre lorsque Nitocris prit place sur son trône. Légèrement en retrait se tenaient Baba, Satou, Khay et Beket. Et devant chaque pilier, derrière chaque statue, un soldat prêt à intervenir.

Nitocris leva les yeux vers l'ouverture qui lui faisait face en haut du mur. Elle se remémora les recommandations prodiguées jadis à Mérenrê par le pharaon Pépi :

« Regarde bien ces ouvertures sur les murs de la salle du trône... À quoi peuvent-elles bien servir, à ton avis ?

– Certainement pas à abriter les oiseaux, avait répondu Mérenrê.

– En effet. À quoi servent-elles, alors ? »

Mérenrê, qui connaissait parfaitement la réponse mais ne souhaitait pas priver le vieux roi du plaisir d'en donner l'explication, répondait invariablement :

« Je l'ignore, Majesté.

– Eh bien, je vais te le dire. Chaque matin, mais à des heures légèrement différentes en raison des saisons, les rayons du soleil frappent en oblique le trône. L'or, la chair des dieux, scintille ; les pierres précieuses étincellent et tout ce chatoiement de lumière saisit les esprits ! Souviens-t'en, mon bon Mérenrê, souviens-t'en... »

La reine adressa un signe imperceptible au chef des cérémonies, et la porte s'ouvrit à deux battants.

Massés à l'entrée de la salle, les courtisans marchèrent vers cette lueur qui devenait plus intense à mesure qu'ils avançaient vers elle.

Doucement, la lumière se posa sur une paire de sandales blanches, monta le long d'une robe immaculée en voile de byssus, grimpa rapidement à l'assaut du sceptre heka et du chasse-mouches, jusqu'à un foisonnement de mèches blondes qui, sous la double couronne, s'entremêlaient aux colliers de pierres précieuses. Sur un bras d'ivoire s'enroulaient des bracelets d'or et de jaspes rouges qui s'entrechoquaient avec grâce. La fille du soleil apparut. Droite et altière sur son trône, elle irradiait de lumière. La reine était si belle, si pure...

L'un après l'autre, ils se prosternèrent devant elle, et tout le temps que dura cette cérémonie, Sa Majesté demeura impassible. Son regard fixait, au-delà des portes du palais, les lointains piliers qui soutenaient le ciel.

Mais ce regard, qui semblait ne se poser sur rien et ne rencontrer personne, voyait tout. Il surprenait les grimaces de ceux qui peinaient à se relever, la colère cachée de ceux qui avaient perdu l'habitude de se courber, l'indifférence enfin de ceux qui avaient si souvent plié l'échine que leurs membres en portaient les marques. Dans un silence rythmé par le frottement des sandales de cuir et le cliquetis des colliers sur le sol, Sa Majesté attendait.

Lorsque le dernier des courtisans se fut relevé, elle baissa les yeux vers tous ces hommes qui ne pouvaient croiser son regard. La vue de l'un d'entre eux lui donna la nausée : il s'agissait du gouverneur du nome de l'oryx Taharqa, dont les ongles noircis de poussière ressemblaient aux griffes d'un chacal.

La reine contempla l'assemblée :

« À présent que vous êtes tous réunis, sachez que mon affliction, qui fut aussi grande que la misère qui règne encore dans ce pays, n'est plus.

« Vous avez vu le feu dévorer l'Égypte et le roi rejeté par ses sujets...

« Vous avez observé ce qu'il advient lorsque les hommes se hasardent à se rebeller contre l'uræus divin, grâce auquel le dieu Rê pacifie les Deux Terres...

« Vous avez souffert un pays gouverné par les émeutiers, et les lâches ont accaparé les propriétés qu'ils avaient dérobées...

« Vous avez regardé les juges et les Justes se faire chasser du palais royal, et vous avez laissé les nobles dames mendier dans les rues...

« Vous avez vu le rire s'évanouir, le deuil traverser le pays au milieu des lamentations.

« Durant mon absence, la résidence a été endommagée.

L'odeur des offrandes et de l'encens ne flottait plus dans l'air, les jours sacrés n'étaient plus respectés et la corruption du cœur régnait partout...

« Aujourd'hui, il est bon de se souvenir que seul le dieu engendre le chaud et le froid, qu'il est le pâtre de l'humanité et que son cœur ignore le mal. Si son troupeau s'est égaré, il emploie ses journées à le rassembler.

« Sachez aussi que le dieu perçoit la nature profonde de ses créatures, qu'on ne peut la lui cacher, et qu'il lui arrive de détruire les hommes mauvais de son propre bras !... »

Nitocris marqua une pause. Le grand chambellan croisa le regard de la reine, inclina la tête et se retira.

« Voilà pour le passé. Aujourd'hui, occupons-nous du présent !

« Comme moi, j'en suis sûre, vous avez regretté le départ vers l'Occident du vizir Khéti. Vous avez pleuré sa sagesse, sa bonté, la grandeur de la position qu'il occupait et qui faisait de lui le personnage le plus important du royaume après le roi.

« Vous l'avez pleuré et vos prières le réjouissent chaque jour au royaume des Justes.

« Une partie de sa grandeur subsistait en la personne de son fils Ameni, qui, hélas, a mystérieusement disparu. Je souhaite aujourd'hui vous présenter celui que j'ai choisi pour vizir... »

Un homme de belle stature entra en compagnie du chambellan. Il se jeta à plat ventre devant la reine, mais au lieu de lui laisser baiser le sol, Nitocris avança le pied et l'inconnu posa sa bouche sur son orteil avec la légèreté d'un papillon.

Puis il se releva, s'approcha de la reine et se retourna vers l'assistance.

Il y eut un long murmure de stupéfaction.

Le fils du vizir Khéti était vivant !

Baba, Satou, Beket et Khay scrutaient les réactions de la

salle. Tout au fond, Taharqa fit une tentative de sortie, mais les gardes avaient reçu l'ordre de fermer les portes.

Beket surprit un regard appuyé entre Neheri, le conseiller intime de l'appartement du matin de Pépi, et Vennofer, le directeur des cornes, des sabots et des plumes.

Khenou scruta longuement la reine Ipout ; Sahouré, la femme du nome de l'oryx, échangea un petit signe avec le porteur de sandales Keprou...

Nitocris reprit la parole :

« Ameni, que vous avez tous reconnu, remplacera son père. Il sera dès demain notre vizir, guide des Grands de la Haute et de la Basse-Égypte, le second après la reine dans la cour d'entrée du palais, juge suprême et directeur de tous les travaux de la reine. À vous tous ici présent, je veux dire autre chose : au cours d'un accident survenu durant son absence, Ameni a perdu une partie de sa mémoire... Mais soyez rassurés, car s'il ne souvient pas de ce qui s'est passé le jour de ce drame, il se rappelle parfaitement comment conduire toutes les affaires de l'État, et il le fera selon les enseignements de son père. »

Un léger brouhaha parcourut la salle, car outre la surprise de voir ressurgir Ameni, de nombreux courtisans avaient espéré succéder au vizir Khéti.

Le grand prêtre d'Héliopolis, en robe blanche, et le grand prêtre de Ptah, couvert de sa peau de panthère, s'avancèrent vers les candélabres. Ils les contournèrent, examinèrent les flammes et y jetèrent une poudre parfumée qu'ils puisaient dans de petits sacs en cuir. Des flammes violettes se mirent alors à danser et à crépiter jusqu'au plafond.

Le conseiller intime de l'appartement du matin du roi Pépi Justifié fit un détour pour éviter le directeur des cornes, des sabots et des plumes. Mais ce dernier l'attrapa par la manche et lui souffla à l'oreille :

« Je n'étais pas parmi vous lorsque vous vous réunissiez ! »

À quoi l'ancien ministre répondit :

« Je n'y étais pas non plus, et je n'en ai d'ailleurs jamais entendu parler ! »

XII

La crainte s'était emparée du gynécée et la reine Ipout fulminait. Taharqa, Sahouré, le grand eunuque Neternakht, Neheri, Vennofer, Renenout et Ptahshepses courbaient la tête devant sa colère.

« Je pensais pouvoir compter sur vous... J'avais conçu le fol espoir que vous parviendriez à vous débarrasser d'elle... Qu'espériez-vous ? Qu'elle nous cède la place gentiment ? Ne saviez-vous pas que couper les mauvaises herbes ne suffit pas, mais qu'il faut les arracher ? ! Comment avez-vous pu la laisser filer entre vos mains... Taharqa ! Tu devais la tuer, coûte que coûte !

– J'allais le faire, mais...

– Oui ?

– Mais... Vous avez tous vu ces deux hommes qui l'ont immédiatement entraînée... Sans doute deux de ses gardes... »

Les yeux d'Ipout transperçaient chacun des hommes qui lui faisaient face.

« La reine était enceinte, poursuivit Ipout, elle ne l'est plus. Où est l'enfant ? »

Personne ne le savait.

« Qui va se charger de nous l'apprendre ? Toi, Taharqa, qui es si impatient de racheter ta faute ? »

Le nomarque s'inclina devant la reine.

« Nous ne pourrons plus nous réunir ici dorénavant. Ptahshepses, tu t'arrangeras pour nous ouvrir une des salles secrètes de ton temple... »

Ipout les congédia et se retrouva seule avec le grand eunuque, qui depuis un certain temps s'agitait sur sa chaise :

« Qu'y a-t-il, Neternakht ? Parle ! »

Le gardien du gynécée se jeta aux pieds de la reine en gémissant :

« Que vais-je devenir ? Que va-t-on faire de moi ?

– Vas-tu enfin arrêter de gémir sur ton sort ? Parle, ou je te fais jeter aux crocodiles !

– Il y a que la princesse libyenne et la fille du nomarque de Thèbes viennent d'accoucher de deux...

– Je ne veux pas savoir de quoi elles ont accouché. Dis-moi plutôt comment elles ont pu te le cacher.

– Les autres concubines les ont aidées... Elles leur ont bandé le ventre et je ne sais quoi encore... Des secrets de femmes... »

Ipout n'hésita pas un seul instant avant de prendre sa décision.

« Je ne veux pas savoir comment, mais tu vas t'en débarrasser le plus rapidement possible ! »

Une fois Ipout sortie, Neternakht partit à la recherche des jeunes mères.

Il les trouva dans la chambre de l'une d'elles, berçant leur enfant au milieu des concubines qui poussaient des cris d'allégresse et se disputaient l'honneur de les caresser.

Neternakht feignit de participer à leur ravissement. Une petite main brune d'enfant agrippa l'un de ses doigts boudinés. Les concubines gloussèrent, il gloussa à son tour. Pour faire bonne mesure, il chatouilla la chair tendre d'un pied tout en minaudant du bout des lèvres. Puis il s'en alla.

Il se rendit aux cuisines et appela deux servantes qu'il attira à l'écart. Le soir même, les deux jeunes femmes dormaient du sommeil profond que procure le suc de pavot mélangé à la bière. Alanguis par le somnifère contenu dans le lait de leurs mères, les nouveau-nés ne se réveillèrent pas lorsque les servantes les sortirent de leurs lits.

Deux petites barques de papyrus tressé les attendaient au bord du fleuve. Le vent nocturne emporta les légères nacelles loin du palais royal, du côté des rivages de la grande mer.

Cette nuit-là, le sommeil de Nitocris fut troublé de nombreux cauchemars. Dans l'un d'entre eux, elle entendit la voix inquiète de son époux Mérenrê qui la suppliait de faire fouiller les rives du fleuve.

Elle convoqua Ameni dès son réveil :

« Envoie immédiatement des hommes sonder les berges du Nil. J'ai rêvé d'enfants abandonnés et de nacelles de papyrus... Je n'aime pas ça. »

Puis, retenant ce dernier sur le pas de la porte, elle lui dit :

« Attends ! Réfléchissons... Qu'allons-nous faire des femmes du harem ? »

Le jeune vizir fronça les sourcils :

« Pourquoi t'inquiètes-tu soudain du sort des concubines ?

– Je ne sais pas... Je crois qu'elles étaient dans mon rêve. Mais qu'importe, va donner tes ordres et reviens me voir ! Vite ! »

Nitocris se tordait les mains et parcourait de long en large son immense chambre. Pourquoi se sentait-elle préoccupée par la destinée des concubines ? Qui étaient les enfants abandonnés de son rêve ? Et Beket qui n'arrivait toujours pas...

Dès que sa suivante apparut, Nitocris lui raconta le rêve de la nuit précédente. Puis elle lui demanda de faire parler son calame.

Beket s'installa devant sa feuille de papyrus et attendit que sa main trace librement les signes mystérieux. Or ce jour-là, son poignet ne bougea pas. Elle eut beau invoquer sa chère

Seshat, déesse de l'écriture, son calame était plus rétif qu'un âne.

« Que se passe-t-il ? » demanda Nitocris.

Beket écrivit :

La voix des dieux ne veut pas entrer dans mon calame. J'ignore pourquoi.

« Peut-être es-tu trop heureuse ? »

Une partie de moi l'est. Une autre ne le sera jamais tant que tu ne le seras pas.

« Laisse grandir ce bonheur qui est en toi, ne t'occupe pas du mien ! »

La voix de Nitocris était devenue dure, Beket ne la reconnut pas. La reine embrassa la main de son amie et fit signe à Ameni d'entrer.

Le visage du vizir rayonnait :

« Majesté... Des paysans ont recueilli deux nacelles contenant chacune un enfant. Un garçon et une fille. Ils ont parcouru sans encombre une distance d'environ un itérou[1].

– Dans quel état les a-t-on trouvés ?

– Braillant comme n'importe quels enfants affamés et assoiffés.

– Où sont-ils ?

– J'ai envoyé une barque de guerre à leur rencontre. Ils ne devraient pas tarder. Comment avais-tu deviné ?

– Je ne peux rien te dire de plus que tout à l'heure : je l'ai rêvé, c'est tout... Je t'assure que je n'y comprends rien. »

Les petits orphelins arrivèrent quelques instants plus tard. Le lin dont ils étaient vêtus était le même que celui dont on habille les princes et les princesses. En les regardant de plus près, il s'avéra que le garçon avait le nez légèrement épaté des habitants du Sud, et que la petite fille avait le teint plus clair que les Égyptiens.

« Que fait-on d'eux, Majesté ? demanda le vizir.

1. Un itérou correspond à douze kilomètres.

– Confie-les à Senen et Satou, après leur avoir donné un nom.

– Hori et Mehit ?

– Si tu veux. »

Après un moment d'hésitation, Nitocris interrogea à son tour, d'une voix qui trahissait son inquiétude :

« Et les femmes du harem ? Ne serait-il pas préférable de les renvoyer chez elles ? »

Ameni réfléchit un instant avant de se prononcer :

« Je te le déconseille. Leur retour serait considéré comme un affront. Pour elles comme pour leurs familles. »

Nitocris frappa violemment sur son fauteuil du plat de la main.

« Alors tue-les ! »

Ameni lui lança un regard effaré.

« Nitocris ! »

La reine dévisagea soudain son vizir comme si elle venait d'émerger d'un rêve.

« Pardonne-moi, je ne sais plus ce que je dis ! Non, bien sûr, il ne faut pas les tuer... Il faut, il faut... Nous en reparlerons plus tard. Pour l'instant, je veux simplement qu'on les éloigne de ma vue. »

Ameni s'inclina sans un mot.

Nitocris l'inquiétait. Depuis quelque temps, elle était semblable à ces tornades du désert dont les tourbillons sont aussi ravageurs qu'incontrôlables. Aussi vite qu'il était apparu, l'orage se calmait et la reine s'apaisait. Plus que jamais, Ameni partageait l'immense douleur de Nitocris. Quoi qu'elle puisse faire dans son désarroi, il songea qu'il la soutiendrait et l'aimerait jusqu'au bout.

XIII

Nitocris fit nerveusement tourner sa fronde entre ses mains. La longue lanière de cuir s'enroulait au bout de son doigt, claquait contre la chair, dans un sens puis dans l'autre. Ceux qui la connaissaient savaient que la colère était sur le point de la submerger.

Quatre jours après avoir accordé audience à Ptahshepses, Nitocris n'avait toujours pas reçu le Pygmée Bolo des mains du grand prêtre.

Lorsqu'elle estima que la coupe était pleine et que Ptahshepses se conduisait plus comme un rebelle que comme un grand prêtre de Ptah, elle convoqua Ameni, Khay et Baba dans la salle du conseil :

« Préparez-vous à investir la ville des pyramides... »

Ameni fit un geste apaisant de la main :

« Veux-tu me laisser le temps de convaincre Ptahshepses de te livrer Bolo ? Car c'est bien de lui qu'il s'agit, n'est-ce pas ? »

Nitocris lui sourit, mais ce sourire signifiait qu'aujourd'hui n'était pas jour à discuter ses ordres.

« Je ne veux plus parlementer avec le grand prêtre, poursuivit-elle d'un ton coupant. Le temple de Ptah sera fermé. »

Les trois hommes échangèrent un regard.

« Ameni ? Tu veux dire quelque chose ? demanda la reine.

– Le peuple est déjà éprouvé par les émeutes et la famine,

doit-on le priver de la consolation de la prière et des offrandes au dieu ?

– Le temple ne demeurera pas longtemps fermé. Il le sera le temps que Ptahshepses et les prêtres comprennent qu'ils ne resteront pas éternellement impunis. »

Ameni s'inclina.

« Khay, ajouta Nitocris, tu t'occuperas du temple. Baba, tu prendras la ville des pyramides et tu me ramèneras Bolo. »

Baba rassembla trois compagnies de quarante soldats chacune. Les deux premières étaient armées de lances et de grands boucliers, la troisième d'arcs et de flèches. Il se présenta ensuite aux portes de la ville des pyramides, accompagné d'une dizaine d'hommes, et réclama le Pygmée au nom de la reine. Les portes restèrent closes. À travers une minuscule ouverture grillagée, une voix lui intima l'ordre de déguerpir immédiatement :

« Va donc voir ailleurs, créature de Seth ! Cette ville est sous la protection des chartes d'immunité signées par les fils du dieu sur terre et tu n'y peux rien. Les soldats du pharaon n'ont rien à faire ici, sur notre domaine ! »

Tandis que Baba parlementait poliment, les capitaines des compagnies firent dresser des échelles contre les murs. Une douzaine de soldats s'approchèrent de la porte, qu'ils tentèrent d'enfoncer avec un tronc d'arbre.

La voix résonna de nouveau derrière le grillage :

« Tu n'as pas le droit de maltraiter cet endroit sacré ! Tu n'es qu'un rat de vase ! Un ahuri de la lune !... »

Avant même que les gardiens de la ville ne se soient portés au-devant des assaillants, les soldats avaient escaladé les murs. En contrebas, quelques prêtres affolés couraient en agitant les bras ; certains s'étaient armés de lances, d'autres s'enfuyaient en retroussant leurs robes jusqu'aux genoux.

Les soldats ouvrirent le portail monumental et les archers pénétrèrent dans la cour. Baba s'avança vers l'homme qui lui avait parlé et qui n'était autre que le gouverneur de la ville. Il lui demanda pour la dernière fois de lui remettre Bolo.

« Impossible.

– Pourquoi ?

– Il est mort.

– Quand ?

– Ce matin au lever du soleil.

– De quoi est-il mort ?

– Il a voulu s'enfuir.

– S'enfuir ? Il était donc en prison ?

– Je ne sais pas.

– Tu ne sais pas ? Tu diriges cette ville et tu ignores ce qui se passe chez toi ?

– J'ai reçu des ordres.

– De qui ?

– Je ne sais pas... »

Baba sentit qu'il ne pourrait rien tirer de cet homme et décida de laisser au juge Tjenna le soin de poursuivre l'interrogatoire.

« Montre-moi son corps. »

Deux prêtres revinrent avec le cadavre du Pygmée ; l'un le tenait par un bras et l'autre par une jambe, si bien qu'il ressemblait à une poupée écartelée entre deux géants. Ils le laissèrent tomber sur le sol.

Du bout du pied, Baba le retourna sur le ventre. Une plaie béante rougissait le dos du Pygmée, et son visage était resté figé dans une grimace de douleur. Baba posa sa main sur la peau de Bolo. Son corps était encore chaud. Les prêtres avaient menti sur le moment de sa mort.

« Qui vous a dit de le tuer ?

– Personne. Il a voulu s'enfuir.

– Va le jeter dans le désert ! » ordonna Baba.

L'homme claqua des doigts en direction d'un esclave.

« Non, dit Baba, je veux que ce soit toi qui le portes et

qu'on te voie sortir de la ville avec le cadavre sur ton dos. Après quoi, tu seras interrogé par le juge...

– Le juge ? Aurais-tu par hasard été mordu par un chien fou pour me parler du juge ? Combien de fois faudra-t-il que je t'explique que nos chartes d'immunité nous mettent à l'abri des fonctionnaires du pharaon et que tu n'as même pas le droit d'être là ?

– Tu m'échauffes les oreilles ! Tu répondras devant le juge de la mort du Pygmée, que tu le veuilles ou non...

– Je pisse sur le juge ! » éructa l'homme en chargeant le corps de Bolo sur ses épaules comme un simple sac de grains.

Le gouverneur passa les portes de la ville, chargé de son fardeau. Il tenait le Pygmée par les chevilles, et la tête du petit homme battait à chaque pas contre ses reins. Il fut contraint de creuser la tombe de Bolo à la lisière du désert, puis on le conduisit à la prison du palais. Mais le lendemain matin, lorsque le premier magistrat de Memphis voulut interroger le gouverneur, son corps froid se balançait doucement au bout d'une corde.

XIV

Taharqa jeta sur ses épaules une longue couverture de lin rapiécée et franchit les remparts de la ville. Il traversa le quartier des potiers, s'engagea dans une ruelle qui tournait à angle droit vers le quartier des tanneurs. Il franchit la place des Trois Sycomores, s'assurant une dernière fois qu'il n'était pas suivi. Puis il s'enfonça dans une ruelle si étroite que deux hommes pouvaient à peine s'y croiser.

Arrivé devant la porte de la dernière masure, il frappa trois coups brefs.

« Passe ton chemin ! répondit une voix de femme.

– Dis à Keb que Mersou veut le voir », répondit Taharqa.

Il entendit le bruit d'un coffre que l'on déplace, d'une barre de bois que l'on fait sauter d'un coup de maillet.

« Entre », dit la voix de Keb.

Taharqa courba sa haute silhouette et disparut dans l'ombre de la pièce.

« Renvoie-la ! » ordonna Taharqa.

Keb fit sortir la vieille femme avant de refermer la porte derrière elle.

« Tu as eu de la chance, reprit le gouverneur du nome de l'oryx.

– Oui, seigneur Mersou, beaucoup de chance...

– Mais j'ai encore besoin de toi.

– De moi ? Comment pourrais-je t'aider ? Je ne sors plus, je ne vois plus personne...

– Tu aimerais partir ? T'installer dans l'un de ces pays de la mer ? Bien. J'organiserai ton départ. Tu auras suffisamment d'or pour t'installer n'importe où et ne manquer de rien. Avant cela, je veux que tu me trouves l'endroit où la reine s'est cachée le jour de la mort du pharaon.

– C'est tout ce que tu veux savoir ?

– Oui. »

Keb poussa un soupir de soulagement. Il n'aurait pas à sortir de chez lui. Il ne courrait pas le risque de se faire prendre par les espions de la reine, et ne serait pas pendu par les pieds aux murailles de la ville.

« La reine... Elle était dans cette belle demeure au sommet de la colline qui domine le temple de Sekhmet...

– Comment le sais-tu ?

– Je l'ai appris par la bouche de deux crétins de paysans qui l'ont croisée ce jour-là.

– C'est bien, Keb, c'est bien...

– J'ai eu de la chance qu'ils me racontent leur histoire.

– Oui, beaucoup de chance. Tiens-toi prêt à partir d'ici dix jours. En attendant, voilà pour toi... »

Taharqa fouilla dans la ceinture de son pagne et en sortit une bourse garnie de poudre d'or. Au moment où il l'ouvrit, la bourse lui échappa des doigts et s'écrasa sur le sol. Keb se précipita pour la ramasser. Il n'eut même pas le temps de se relever que la lame affilée du long couteau de Taharqa lui tranchait la gorge.

« Oui, Keb, tu as eu beaucoup de chance... »

XV

Au matin du vingt-cinquième jour de règne du pharaon Nitocris, l'homme de guet signala l'approche d'une barque manœuvrée par six vigoureux rameurs. Elle arrivait du sud et fonçait droit sur le portique placé à l'avant du débarcadère.

L'homme qui se tenait à la proue semblait si pressé d'accoster que, en voulant sauter sur le quai, il manqua s'écraser contre le ponton et tomba dans le Nil.

On le repêcha. Ses pieds étaient noirs de vase et des dizaines d'algues vertes pendaient sur ses épaules. Quand il ouvrit la bouche, ce fut pour dire qu'il devait immédiatement parler à la reine.

Le chef de poste s'esclaffa, et répondit enfin que l'on ne présentait pas devant la reine d'Égypte le corps ruisselant d'herbes et le pagne trempé !

« Cours dire à Sa Majesté que le chef de troupe Héka, de la forteresse d'Éléphantine, est venu lui annoncer que le misérable pays de Koush [1] est sur le point de se révolter. »

Une fois de plus, les Koushites mettaient le nouveau pharaon à l'épreuve en franchissant la ligne de partage entre la Nubie et le sud de l'Égypte, située traditionnellement aux abords de la première cataracte.

1. Les Égyptiens donnaient souvent à la Nubie le nom de « pays de Koush », et à leurs habitants celui de Koushites.

Les eaux bouillonnantes des rapides constituaient un obstacle naturel, une barrière sacrée que les Nubiens ne devaient jamais franchir à bord de leurs propres bateaux. Toutes les marchandises qui s'échangeaient dans l'immense marché de l'île Éléphantine – les Égyptiens s'y fournissaient en ivoire, en bois d'ébène, en peaux de léopards, en singes – y étaient exclusivement transportées sur des navires égyptiens. Si le verrou d'Éléphantine venait à sauter, les villes d'Edfou et d'Elkab seraient menacées, puis Thèbes subirait un siège à son tour.

Nitocris, qui voulait une répression rapide et sans pitié, convoqua immédiatement le Grand Conseil. Les Koushites ne pouvaient plus répandre impunément la terreur au sud du royaume. La seule manière de sauver des vies égyptiennes était de semer l'effroi en Nubie.

Nitocris retroussa sa lèvre supérieure, découvrant le poli de ses jolies dents de nacre :

« Nous allons organiser une expédition comme l'Égypte n'en a jamais connu. Nous rapporterons des arbres à encens, des aromates, des lions, des girafes et des éléphants. Où sont passés les éléphants que le chef des troupes étrangères Herkhouf avait ramenés de son voyage ? »

Le vieux chancelier Hekaib, ancien chef des troupes du Sud et ami unique du vieux Pépi, s'avança vers la reine :

« Ils sont morts, Majesté. Les émeutiers ont pillé le parc et mangé les animaux.

– Tous ?

– Tous, Majesté. »

Nitocris devint songeuse. Mérenrê était au centre de ses pensées. Elle se souvenait des récits fabuleux qu'il lui faisait jadis sur les contrées de Yam, de Wawat et de Pount... Elle revivait les vertiges qui la saisissaient lorsqu'il évoquait l'escalier immense séparant ce monde de celui de la Terre des Mânes ; cette contrée peuplée de serpents à voix humaine, d'habitants monstrueux, d'esprits avides de chair humaine...

Elle se tourna vers le vizir :

« Ameni ! Combien de temps faudrait-il à nos forces pour être prêtes à partir ? »

Le vizir chercha des yeux le chef des armées, mais celui-ci baissait la tête.

Alors il toussota, se racla la gorge et dit :

« Pardonne-moi de t'annoncer une mauvaise nouvelle, Nitocris, mais j'aurai beaucoup de mal à rassembler nos troupes.

– Pourquoi ?

– Parce qu'il n'y a plus d'armée !

– Et celles du sud ?

– Elles sont dans le sud, Majesté, du moins ce qu'il en reste, c'est-à-dire deux ou trois cents soldats égyptiens, plus quelques dizaines de Medjays qui ont échappé par miracle aux massacres des Nubiens.

– Les soldats de l'administration du trésor ?

– Les troubles les ont éloignés de leur poste, tous ne sont pas encore rentrés.

– Et la garde royale ?

– La garde royale assure la sécurité de Sa Majesté et celle du palais. »

Agacée, Nitocris battit le sol de sa sandale et déclara, s'adressant à la fois au chef des armées et aux membres du Conseil :

« Dignitaires d'Égypte ! J'emploie ce mot car en vous regardant, aucun autre ne me vient à la bouche. À vous voir ainsi dans vos pagnes d'apparat si propres, si élégants, on se dit que le destin des Deux Terres est entre des mains sérieuses, pondérées. Mais ce n'est qu'une apparence, n'est-ce pas ? Je serais curieuse de savoir avec quels lanciers, quels archers, quels soldats vous espériez combattre pour votre pays. Avec quelles armes irez-vous lutter contre les Libyens ou les Asiatiques lorsqu'ils s'apercevront que l'Égypte n'a pas plus de défenses qu'un enfant au sein ? Comment comptez-vous

vous y prendre ? En leur jetant des excréments ? De quelle manière allez-vous répondre à la menace que font peser sur nous les Koushites ? En leur envoyant vos femmes ? Vos enfants ? »

Les dignitaires roulaient des yeux effarés, et leurs belles tuniques se tachaient de sueur. Mais la reine ne lâchait pas prise :

« Pourquoi le recrutement ne s'est-il pas effectué avec la régularité prévue par notre administration, et pourquoi avoir mis en danger les frontières de l'Égypte ? »

Nitocris se tut. Elle parcourut la salle du regard, attendant une explication, un sursaut d'orgueil de la part de ces hauts fonctionnaires fatigués par le long règne immobile du pharaon Pépi.

« J'autorise ceux qui le souhaitent à prendre la parole ! Eh bien ? As-tu quelque chose à ajouter ? » demanda-t-elle au chef des armées.

Le vétéran soupira :

« Tout ce que dit Sa Majesté est la vérité. Le règne du roi Pépi a été trop long, trop calme. Nous ne savons plus prévoir la guerre comme nous devrions. Les bêtes sauvages que nous étions se sont transformées en chiens d'agrément. Nous aimons parader au bout de notre laisse, mais nous ne savons plus mordre... Vois, Majesté, je suis trop vieux à présent pour porter les insignes de commandement de ton armée. »

Sur un signe de la reine, Ameni s'approcha du vieux soldat qui ôta son pectoral en or et remit son bâton de commandement entre les mains du vizir.

« Le roi Pépi, dit Nitocris, me berçait du récit de tes exploits lorsque j'étais enfant. Aujourd'hui, tu viens de me prouver une fois de plus l'étendue de ton courage en renonçant à une fonction que tu ne te sens plus capable d'assurer. Je t'en remercie, car je sais que celui qui prendra ta place en sera digne, lui aussi. »

Nitocris accepta ainsi la démission de tous les hauts fonctionnaires de Pépi. Elle nomma à leur place certains élèves de son vieux maître Ouznasît, qui gardaient toute sa confiance. À Neheri, qui avait toujours fait preuve d'une grande sagesse, échut le titre de conseiller intime de l'appartement du matin. À Zakiab, connu pour sa grande austérité, elle donna le poste très envié de directeur du Trésor royal. Quant à Nakht, dont Mérenrê avait été jaloux parce qu'il était très bon nageur, que ses muscles étaient longs et sa peau joliment cuivrée, Nitocris le nomma directeur des travaux de la reine, avec pour mission principale de rénover le système d'irrigation de la capitale, mais également du palais ; la Grande Maison manquait cruellement de réserves d'eau fraîche, de bassins d'agrément et de citernes.

Enfin, il lui fallait un chef de guerre. Elle le voulait courageux, volontaire, apte à se battre. Pas un de ces généraux gros et gras qui se faisaient porter en litière sur les lieux du combat et regardaient les soldats se faire massacrer en grignotant quelques raisins sucrés du Fayoum. Son chef des armées devrait être suffisamment intrépide pour marcher aux côtés de ses troupes, et ne craindre ni le vent brûlant du désert, ni les bêtes féroces.

Elle convoqua Baba.

Il l'avait sauvée. Il était l'époux de Beket. Il s'était emparé sans verser le sang de la ville des pyramides, bien qu'il n'ait pu lui ramener le Pygmée vivant.

Avec calme, et comme s'il s'agissait de la chose la plus naturelle au monde, Baba accepta le pectoral d'or et le bâton de commandement que lui tendait Pharaon.

« Voilà qui mérite que nous brisions le cachet d'une amphore royale », conclut Nitocris.

Ils vidèrent quelques coupes en compagnie des nouveaux conseillers de la reine d'Égypte, puis Nitocris s'adressa à Baba :

« Je suis curieuse de savoir comment tu vas t'y prendre pour enrôler les soldats dont notre future armée a besoin. »

Le nouveau commandant des armées royales se mit à rire :

« C'est très simple. Pour l'instant, ils croupissent par centaines dans tes prisons... Je le sais, je les y ai mis moi-même ! »

Nitocris ne savait pas encore si elle goûtait la plaisanterie de Baba.

« Tu veux reconstruire une armée avec des brigands, des voleurs, des fripouilles ?

– Oui, Majesté, car ils savent déjà se battre. Ils sont durs aux coups et ne seront pas effrayés par les cris de guerre ennemis !

– Tu veux donc que je leur accorde le pardon ?

– Oui, Majesté. Du moins, à tous ceux qui se porteront volontaires.

– Bien. Dans ce cas, je pardonne. Mais il te faudra les dominer, les subjuguer...

– J'y parviendrai, avec l'aide d'Horus... Mais j'aurai également besoin de la carrure rassurante de mon ami Satou. »

Nitocris prit un air inquiet :

« Bien que cela me contrarie de confier Nofret à d'autres mains que celles de Satou, je conçois que tu puisses avoir besoin de lui... Soit, prends-le avec toi. Pour l'instant, il est important que mes soldats coupent de nombreuses mains, qu'ils brûlent les huttes des Scarifiés [1], déracinent leurs arbres fruitiers et capturent le bétail, pour le bien de l'Égypte. »

---

1. Les Égyptiens appelaient les Nubiens du nom de Scarifiés, en raison des scarifications qu'ils infligeaient à leur corps.

XVI

Baba leva les yeux vers le ciel. Un faucon glissait dans le vent. Plus silencieux qu'une ombre, il traçait de larges cercles au-dessus de la terre, descendant rapidement vers elle. Baba vit très nettement ses plumes, ses rémiges et son bec tranchant. Le grand rapace ne semblait chercher aucune proie.

Le nouveau commandant en chef des armées avait dû accepter d'être transporté en litière par six robustes Nubiens, afin que nul n'ignore le rang qu'il occupait désormais. Il se tapota la cuisse nerveusement, pestant intérieurement contre Nitocris, qui lui imposait de se déplacer dans cette chaise pour vieillard impotent.

Baba attendit d'être hors de vue du palais pour sauter à terre et rejoignit à grands pas la demeure de Satou. Il espérait surprendre le géant dans ses activités de nourrice, mais les porteurs qui couraient derrière lui soulevaient un tel nuage de poussière que son vieux complice devait être depuis longtemps prévenu de son arrivée. Quant aux faux mendiants qui surveillaient la demeure de jour comme de nuit, ils se contentèrent d'ouvrir une paupière avant de se rendormir à l'ombre du mur.

Lorsque le jeune homme franchit le porche, les gardes en faction le saluèrent. Il leur signala de ne faire aucun bruit et s'avança sur la pointe des pieds. Baba traversa la cour, longea les arcades jusqu'à la porte qui donnait sur le jardin.

Allongé dans l'herbe, tel un animal marin échoué sur la

grève, Satou ronflait sous l'œil attendri de Senen. Deux nourrissons rampaient sur sa bedaine, agrippant par poignées la peau de son ventre. Un troisième, la princesse Nofret, atteignit les cheveux de Satou et se hissa vers l'oreille du géant. Elle tenta d'y enfoncer la main.

Satou grogna, chassa la menotte comme on se débarrasse d'une mouche et, sans même ouvrir l'œil, il saisit fermement Baba à la cheville et le tira brusquement à lui. Le nouveau chef des armées chuta, mais se releva d'un bond.

« Méfie-toi toujours d'un homme qui dort... » se moqua Satou.

Le géant s'ébroua doucement. Puis, avec une extrême douceur, de ses grandes mains protectrices, il souleva les enfants et les tendit un à un à Senen. Enfin il entraîna son ami à l'écart.

« Tu ne trouves pas que j'ai grossi ?

– Non... Tu as toujours été assez... opulent.

– Ah, Baba, c'est terrible... Je suis le plus heureux des hommes, et pourtant je m'ennuie. Et plus je m'ennuie, plus je grossis.

– Tu n'aimes pas les enfants ?

– Ne t'y trompe pas, j'aime ces enfants plus que tout au monde !

– Et la belle Senen ?

– Quand elle ne m'épuise pas les flancs, elle m'engraisse ; puis de nouveau, elle veut se divertir avec moi et me cherche partout dans la maison en gloussant comme une oie. Plusieurs fois par jour, la lionne sauvage qui sommeille en elle piaffe d'impatience en attendant le moment où elle pourra me lacérer de ses griffes...

– Plusieurs fois par jour ? Mon pauvre Satou ! »

Le colosse appuya sa tête contre l'épaule de Baba :

« Et si nous quittions tout pour retrouver notre ancien métier ? Qu'en penses-tu ? Nous étions parfaitement heureux lorsque nous mangions la poussière des tombeaux, non ?

– Satou, n'oublie pas que l'on ne se baigne jamais deux fois dans la même eau du fleuve et qu'il faut accepter la grandeur de sa charge. Après tout, n'es-tu pas le grand nourricier royal ? »

Satou poussa un grognement.

« Nourricier royal... Regarde ce que je suis devenu, dit-il en tirant sur la peau distendue de son ventre, je ressemble plus à ce bon dieu Bès chargé de réjouir les enfants, qu'au chercheur de tombeaux que tu as connu... Baba, sauve-moi de tout ça ! »

Le jeune commandant des armées royales se gratta pensivement le menton :

« Mon pauvre ami, je ne vois vraiment pas ce que je peux faire pour toi, hélas... Je peux quand même essayer d'intercéder en ta faveur afin d'obtenir, pour ta tranquillité, un poste de gardien en chef des grandes pyramides ; ou de surveillant dans les carrières d'améthyste de Haute-Égypte... Ou mieux encore, un travail de comptable dans l'administration du trésor. Qu'en penses-tu ? »

Satou roulait des yeux, l'air menaçant :

« Tes succès à la cour de la reine te seraient-ils montés à la tête, comme le vin trop sucré au cerveau d'une jeune fille ? ! »

Baba éclata de rire. Dans un élan de profonde tendresse, il appuya le front de Satou contre le sien :

« Satou, mon vieux complice, comment peux-tu avoir si peu de foi en notre amitié ? S'il est vrai que la reine m'a confié le commandement des armées royales, est-ce pour te laisser au bord du chemin ? Crois-tu que, sans toi, je pourrai mener à bien ma mission ? »

En entendant ces mots, le cœur de Satou cogna dans sa poitrine. Il grimaça, essuya une larme et lança son bras sur les épaules de Baba :

« As-tu été mordu par un serpent pour me faire une telle peur ? Car si c'est le cas, je connais un remède infaillible... »

Disant cela, il brandit son énorme poing sous le nez de son ami.

« À présent, reprit Satou, dis-moi où nous allons et ce que nous devons faire.

– C'est simple. Nous devons reconstruire une armée et mettre de l'ordre en Nubie. »

Satou secoua la tête, incrédule. Hier, ils rampaient ensemble dans les couloirs obscurs des tombeaux. Aujourd'hui, Baba prenait la tête de l'armée du pharaon et demandait à Satou de l'aider. Et cet homme-là était son ami.

XVII

On ouvrit donc les portes des prisons. Les meurtriers et les violeurs de femmes ayant été pendus tête en bas aux murs de Memphis, Baba écarta les malades, les malingres, ceux qui avaient peur de leur ombre. Il ne restait plus que les crapules et les canailles, tous ceux que l'on avait surpris en possession d'une jarre à huile, d'un bracelet d'or ou d'une paire de bœufs qui ne leur appartenaient pas. Ils défilèrent les uns après les autres devant Baba, Khay et Satou.

On les aligna. Ils protestèrent, la protestation étant leur seul bien, leur seule liberté. Lorsque le calme fut revenu, on les compta. Ils étaient près d'un millier à piétiner dans la poussière ; parmi eux, on dénombrait une centaine de Libyens, d'Asiatiques de Syrie, et quelques Koushites égarés.

Baba, dont le pectoral en or battait la poitrine, prit place sur l'estrade, renvoya d'un geste le porteur de parasol et son chasse-mouches avant de prendre la parole :

« Vous êtes ici aujourd'hui par la grâce de votre pharaon, la reine Nitocris. Ce que vous avez fait pour mériter de croupir dans les prisons d'Égypte ne me regarde pas. Que vous soyez des vauriens, des lâches qui détroussent les vieillards, les femmes et les enfants ne m'intéresse pas ; que vous soyez répugnants, couverts de vermine, batailleurs et querelleurs ne concerne que les juges qui vous ont envoyés en prison. Si vous voulez continuer à vous faire dorloter par vos gardiens, à vous arracher les mains dans les carrières de granit pour une portion de bouillie d'orge, c'est votre affaire. Aujourd'hui, je vous offre une dernière chance : avoir d'autres compagnons que la vermine et les mouches. Toi... Oui, toi qui te grattes le nez, combien d'années te reste-t-il à pourrir dans les geôles du pharaon, vie, santé, force ? Dix ans ? Eh bien, courage, mon brave... Oui, tu as bien entendu, je t'ai appelé brave car il faut l'être pour espérer survivre à dix ans de prison... Et toi, là-bas ? Cinq années seulement ? Tu n'as pas à t'inquiéter alors, quand tu en sortiras, et bien que tu sois encore jeune, il te faudra une canne solide pour marcher, car tes pieds et tes jambes auront déjà été rongés par les maladies. Dommage... Je dis dommage, car la reine m'a chargé de recruter des hommes courageux qui aiment les trophées et ne craignent pas les honneurs. Mais je ne suis pas certain que vous compreniez la générosité de son pardon. La reine vous octroie le droit de devenir des hommes ; le droit de souffrir de longues marches sous le soleil ; d'avoir soif ; de prendre des coups ; de vous instruire dans l'art d'être soldat et de savoir manier la lance, l'arc ou la hache de guerre ; de vous couvrir de gloire et de vous enrichir du butin pris à l'ennemi, de vous partager ses troupeaux, ses femmes, et de prendre pour esclave celui ou celle que le sort aura désigné... Mais avant tout, Sa Majesté vous donne la possibilité d'être libres, de choisir la vie que vous voulez vivre : être un bon soldat ou retourner croupir dans l'ombre de vos prisons... »

Baba se tut quelques instants. Puis, à trois reprises, il frappa sa cuisse de son bâton doré et reprit :

« Vous avez eu le temps de faire votre choix. Que ceux qui souhaitent regagner leur cellule le fassent immédiatement. Que les autres restent. Apprenez seulement que votre décision sera irrévocable. »

Seuls deux hommes sortirent des rangs. L'un boitait et l'autre était trop habitué à sa prison pour la quitter.

Baba jeta un regard sévère sur les hommes alignés :

« Ce soir, afin de vous donner du courage, vous recevrez

double ration de bière... Avant cela, sachez que votre journée sera longue et douloureuse, car l'entraînement commence aujourd'hui. »

Baba fit un signe à Satou. Le géant s'approcha, le dominant d'une tête.

« Regardez cet homme ! Regardez-le bien car ce soir, vous le haïrez tant que votre seul réconfort sera de lui imaginer mille morts. Il s'appelle Satou. Il est mon bras droit et mon ami. Il est capable d'assommer un bœuf d'un coup de poing, et de vous faire éclater la tête comme une pastèque. Il sera pour vous un père et une mère. Jamais il ne vous laissera vous plaindre ni paresser sur votre natte, car la paresse et la boisson ont de tout temps causé le malheur du bon soldat. Apprenez enfin que je ne me ferai jamais porter dans une litière à l'arrière des troupes, mais que je me jetterai à votre tête dans la bataille. Ainsi se graveront dans mon esprit les noms de ceux qui chercheront à se cacher ou à s'enfuir, mais aussi ceux des soldats qui feront preuve de bravoure et que je récompenserai personnellement. En attendant, ne vous prenez pas les pieds dans vos lances durant l'exercice, maîtrisez vos arcs et ne blessez pas vos compagnons en tirant sur les cibles... »

Les futurs soldats, qui avaient attentivement écouté Baba, lancèrent alors des cris d'allégresse en l'honneur du commandant des armées de la reine.

XVIII

Nitocris voulait partir pour le sud avant la fin des moissons, au début de la saison de shemou, pour être de retour avec la crue du Nil.

On envoya des dizaines de courriers dans toute l'Égypte, porteurs d'un message personnel de la reine. Elle priait tous les nomarques de se tenir prêts à rejoindre les armées royales. Le même ordre fut transmis aux princes, aux trésoriers et aux amis uniques du palais, ainsi qu'aux directeurs des prêtres de Haute et de Basse-Égypte. Les nomarques dont elle se méfiait seraient placés au milieu de ceux qui avaient toute sa confiance et, de ce fait, neutralisés.

D'après les calculs d'Ameni, l'armée ainsi rassemblée atteignait le chiffre de neuf mille hommes. Les troupes des nomarques de l'est du Delta suffisaient pour l'instant à contenir les tentatives d'incursion venues de Syrie et de Palestine. Quant aux escarmouches survenues dernièrement dans la région du désert libyque, les hommes de la garde royale s'en chargeraient.

Nitocris convoqua Herkhouf qui, sous le règne de Pépi, avait conduit plusieurs expéditions en Nubie et avait ramené le Pygmée Bolo du pays des Échelles du Sud. Le chef des troupes étrangères, gouverneur de l'île Éléphantine et explorateur du pays de Koush, était rentré vieilli, épuisé de sa dernière expédition, mais son regard était encore droit et fier.

Nitocris avait souhaité que leur conversation se déroule dans le plus grand secret. Après avoir échangé les formules de politesse et les cadeaux, elle l'interrogea sur la situation en Nubie. Était-elle aussi critique et alarmante que l'indiquaient les messages reçus ?

« Pas pour l'instant, mais elle risque de le devenir, Majesté.

– Pour quelles raisons ?

– Sa Majesté se souvient certainement que les habitants de la Basse-Nubie furent chassés de leurs territoires par les ancêtres de Sa Majesté, et qu'ils se réfugièrent dans la région de la troisième cataracte. Eh bien, ces populations réoccupent peu à peu leurs terres et deviennent de plus en plus belliqueuses. Déjà, en revenant du pays de Yam, j'avais préféré éviter le territoire dangereux du Ouaouat... Mais lorsque je traversai celui d'Irthet, ses habitants se firent extrêmement menaçants, et je ne dois d'avoir gardé la vie sauve qu'à la présence des soldats égyptiens et des guerriers de Yam qui m'accompagnaient... En effet, voyant leur nombre, le prince d'Irthet préféra ne pas livrer bataille. Il changea complètement d'attitude et m'offrit quelques taureaux ainsi que du petit bétail, puis il m'escorta en personne à travers le désert, et... »

Nitocris avait emprisonné son délicat menton dans le creux de sa main, et ses cheveux d'or caressaient si joliment son avant-bras que le chef des troupes étrangères en avait perdu la parole.

« Oui, Herkhouf ? Le prince d'Irthet t'escorta en personne à travers le désert... Mais pourquoi les habitants de la Basse-Nubie sont-ils aujourd'hui si belliqueux ?

– L'afflux des réfugiés de Kerma et de la troisième cataracte, Majesté, auxquels s'est ajoutée une multitude de nomades des steppes orientales et occidentales...

– Pourquoi ne restent-ils pas sur leurs plateaux ?

– La sécheresse, Majesté... Les pluies se font rares, et le Nil est plus bas qu'à l'accoutumée. »

La reine était devenue songeuse. Pour que l'Égypte retrouve Maât, ordre et justice, les ateliers royaux devaient se remettre à fonctionner. Il fallait achever le temple d'Abydos, or cela nécessitait une grande quantité de pierres et de bois de construction. Il fallait aussi aménager les nécropoles d'Héliopolis, d'Edfou et d'Assouan, celles de l'oasis de Dakhla. Aux matériaux indispensables à la construction, s'ajoutaient l'encens, les aromates, l'ébène et l'ivoire, les peaux de panthères et les pierres précieuses, mais aussi la myrrhe et l'oliban, essentiels au culte funéraire. Pour toutes ces raisons, il était indispensable de libérer les routes commerciales tenues par les Nubiens ; ou d'en chercher de nouvelles...

« Herkhouf...

– Majesté ?

– Est-il possible de contrôler d'une manière sûre les routes commerciales actuelles ?

– Quelques semaines, quelques mois tout au plus. Mais pas au-delà...

– Peut-on en ouvrir d'autres ?

– Il en existe d'autres qui conduisent au pays de Yam et passent par le Nil ou suivent les pistes du désert occidental... Toutes te mèneront au sud de la troisième cataracte, où est bâtie la ville de Kerma. Cependant, pour contrôler ces routes, il faudrait prendre la ville...

– ... et y construire une forteresse afin de verrouiller le pays de Yam... Connais-tu Kerma ?

– Oui, Majesté. La ville est protégée à l'est et à l'ouest par deux collines, longues d'un demi-itérou. À cet endroit se situent les grandes vallées giboyeuses qui conduisent au Darfour, au Kordofan, et vers les Échelles du Sud. Quiconque la contrôle est maître du commerce avec les pays de l'ébène et de l'encens. »

« Maître du commerce avec les pays de l'ébène et de l'encens... » Une lueur d'excitation pétilla dans les yeux de Nitocris. L'Égypte avait besoin de victoires, de célébrations et de grandeur pour panser ses blessures. L'Égypte avait besoin de retrouver son unité perdue. Par son autorité et sa puissance, la reine devait remettre de l'ordre dans ses provinces, chez les nomarques et les prêtres.

Nitocris étouffa un petit rire. Il lui semblait tout à coup que Mérenrê lui dictait sa conduite et que, perché sur son épaule, il décidait pour elle du destin du royaume.

XIX

Les barques de guerre étaient à quai dans le port de Memphis. Elles étaient rangées en biais, côte à côte, tels des grains de blé autour de leur épi, la proue tournée vers le fleuve. On avait réquisitionné toutes les barges servant au transport des blocs de pierre et des statues.

La plus grande d'entre elles, construite en bois d'acacia, était longue de soixante coudées, large de trente ; elle était aménagée pour recevoir deux cent cinquante archers. Sept barges de plus petite taille avaient embarqué cent cinquante soldats chacune ; celles qui ne servaient pas au chargement des troupes transportaient l'intendance. À leur bord, meuglements et bêlements répondaient aux cris des marins, aux ordres hurlés par les officiers.

Dans un coin du port sévèrement gardé, des esclaves nubiens hissaient à bord du vaisseau royal les coffres de Nitocris, d'autres arrimaient sur le pont ceux des médecins royaux. Ils renfermaient des remèdes à base d'antimoine, de sulfure d'arsenic, des cataplasmes de pain moisi destinés à lutter contre les infections, des pierres de Memphis pour anesthésier les plaies, mais aussi nombre de scalpels et de pinces diverses indispensables pour suturer les blessures.

Tous les habitants de Memphis et des villages environnants s'étaient rassemblés dans les rues. Ils s'agglutinaient sur les terrasses des maisons et les murs d'enceinte du port. Soudain, le silence se fit. On entendait approcher les soldats de la nouvelle armée d'Égypte. Marchant d'un pas hardi, ces derniers étaient vêtus d'un pagne de couleur sombre et des bandelettes enserraient leur poitrine ; certains d'entre eux arboraient la plume d'autruche piquée sur la coiffe.

Ils défilèrent en bon ordre. Venaient en tête les lanciers et leurs grands boucliers, suivis des soldats portant la hache de combat et le petit bouclier, puis les frondeurs et enfin les archers.

Ils étaient nombreux dans la foule à reconnaître un des leurs. Les femmes lançaient des fleurs et de l'encens à leur époux, se pendaient à leur bras, accrochaient à leur cou une dernière amulette bénie par les prêtres du temple.

Encadré par ses officiers, Baba se tenait bien droit sur une chaise haute abritée du soleil matinal par un porteur de parasol ; à sa droite, l'ombre immense du géant Satou glissait sur le sol.

Deux longues barques de guerre quittèrent le port. À leur suite venaient les barges de l'intendance chargées de préparer le campement.

C'est alors que Nitocris apparut. Sa litière, tendue d'or et de pourpre, semblait flotter sur une mer de lin blanc. La reine était vêtue d'une robe jaune vif et coiffée d'un voile blanc tendu de fils d'or. Elle se tenait si droite qu'on l'aurait crue coulée d'une seule pièce sur le trône royal.

La litière s'arrêta devant la cabine de Nitocris. Sa présence immobile sur le pont du navire royal était si lumineuse que la foule gardait les yeux fixés sur elle, en silence.

Accompagnée par sa fidèle suivante et les soldats de sa garde, la reine se dirigea vers la proue du navire, tournant ainsi le dos à la foule massée sur le port. La flamme qui brûlait dans ses yeux ne s'était pas éteinte, car son courroux envers le peuple de Memphis demeurait intact.

Avant de quitter le port, la flotte royale fut rejointe par les navires et les barges des nomes du Delta, chacune portant à la proue l'enseigne du nome auquel elle appartenait.

On vit ainsi arriver la division de l'ibis, suivie de celle du lotus, de la vache et du veau, du dauphin, de l'aigle et du taureau... Tous les nomarques de Basse-Égypte avaient répondu à l'appel de la reine.

Un vent du nord, chaud et humide, accompagna la flotte royale le premier jour de sa remontée du Nil. Le soir, les soldats envahissaient les berges du fleuve. Ils allumaient de grands feux et dormaient sur la terre, la face tournée vers les étoiles.

Au fil du temps, l'armée fut encore complétée par les troupes de Meidoum et d'Hardaï, et tous les nomarques qui étaient reçus sur le vaisseau royal se prosternaient devant Nitocris en louant son courage et en lui jurant fidélité.

Après cinq jours, l'armée s'arrêta aux abords du nome de l'oryx, dont le gouverneur était Taharqa. Le vaisseau royal mouilla à l'entrée du port, écartant ainsi par sa seule présence toute possibilité d'y entrer ou d'en sortir. En montrant sa puissance, Nitocris prouvait qu'elle seule était capable de rassembler tant de navires et de guerriers sous sa bannière. En bloquant le port, elle signifiait à Taharqa qu'aucune retraite ne serait jamais assez sûre et qu'il ne pourrait jamais lui échapper.

Beket serra le bras de Nitocris :

« Re-gar-de-les... »

Taharqa se tenait sur le quai. Sa fille, la ravissante et cruelle Mennefer, avait posé sa tête contre l'épaule de son père. Son épouse Sahouré se tenait en retrait, regardant le monde de ses yeux froids de serpent.

Nitocris hocha la tête :

« Lorsque nous leur avons rendu visite, il y a dix-huit mois, Mérenrê était régent du royaume, et le roi Pépi disparaissait dans son horizon... Regarde-les, leur fourberie les maintient en vie ! »

Une barque, bientôt, se détacha du navire royal. L'officier de bord qui la conduisait était porteur d'un message du chef des armées au gouverneur Taharqa. Le général en chef souhaitait connaître le nombre d'archers, de frondeurs et de lanciers mis à sa disposition. Il voulait savoir les noms des officiers qui les encadraient, et rappelait au nomarque qu'il lui incombait de pourvoir lui-même au ravitaillement de ses soldats. Enfin, il l'informait de se tenir prêt à partir dès l'aube.

Lorsque le messager du chef des armées s'en fut, Taharqa jeta un dernier regard en direction de la cabine royale. Beket venait d'en sortir en hâte. La lumière avait révélé les jolies formes de son corps. Il ne put empêcher le feu du désir de l'embraser tout entier. Aucune femme ne lui avait jamais donné autant de plaisir, et il n'arrivait pas à chasser de sa mémoire le souvenir de cette nuit où il l'avait forcée contre le mur de la nécropole... Ah, s'il pouvait seulement... une fois encore... une seule fois la sentir se débattre contre lui ! Pour ne pas qu'elle parle, il avait dû lui couper la langue. Dommage...

Il leur fallut huit jours pour atteindre Thèbes.

Nitocris avait rallié à eux les nomes de Cusæ, Lycopolis, Akhmîm, Abydos, Dendera, Coptos et tant d'autres... Une file ininterrompue de barges et de bateaux s'étirait à perte de vue.

Le navire royal et son escorte mouillèrent dans le port de la ville aux cent portes. La reine souhaitait s'arrêter à Thèbes, car l'une des pensionnaires du gynécée l'en avait implorée.

« Majesté, lui avait dit la jeune fille, tu m'as souvent offert ton aide et je n'en ai jamais abusé. Aujourd'hui, je sais que tu es une femme juste, et je te demande de remettre ce message à mon frère qui se trouve à Thèbes. Il est important que ce soit lui qui t'en lise le contenu. »

Nitocris lui avait demandé si son frère était bien ce chef des troupes étrangères qui, lors de l'accession au trône de Mérenrê, ne s'était pas interposé lorsque les Nubiens avaient franchi la première cataracte. La jeune femme avait acquiescé :

« Hélas, oui, Majesté...

– Pourquoi "hélas" ?

– Parce que... Sa Majesté saura tout, dès qu'Elle aura transmis ce message... »

Nitocris ne pouvait refuser ce service d'une sœur à son frère. D'autant moins que ce jeune homme avait également pour mère la princesse Mehit, sœur de la reine Neit...

L'accueil des Thébains fut chaleureux, et Nitocris aima immédiatement l'odeur de bouse séchée et de poisson frit qui flottait dans les rues, comme elle affectionna les maisons en pisé aux terrasses ombragées de palmiers et de perséas[1]. À l'est du fleuve, trois montagnes dressaient leurs sommets arrondis vers le ciel. On disait qu'elles étaient les gardiennes de Thèbes. De gigantesques colonnes de roche paraissaient soutenir les collines jaunes et escarpées qui surplombaient la ville à l'ouest.

Mehit avait nommé son fils Amosis, par fidélité envers le dieu Amon, que tous honoraient ici avec ferveur. Le jeune homme se prosterna aux pieds de la reine, qui lui remit sans un mot le message de sa sœur. Il lut les hiéroglyphes de la langue sacrée, pâlit, rougit, puis se jeta de nouveau dans la poussière en implorant le pardon de Sa Majesté.

Nitocris désigna la feuille de papyrus qu'il tenait encore en main et ordonna :

« Lis ! »

---

1. Le perséa est l'un des arbres à bois dur du paysage égyptien ancien. D'origine nubienne, il poussait dans la vallée du Nil dès le prédynastique.

À contrecœur, il s'exécuta :

« À mon cher frère Amosis, an premier du règne de la reine Nitocris, vie, santé, force. J'espère que mon frère se porte bien car pour ma part, un terrible malheur vient de me frapper, mais comme je te l'expliquerai, tout s'est arrangé par la grâce de la reine. Bien que ce soit un grand déshonneur, j'ai accouché dans le harem d'une jolie petite fille, tandis que l'une de mes compagnes mettait au monde un garçon. Quelques jours plus tard, nos enfants nous furent enlevés pendant notre sommeil (nous apprîmes par la suite que l'on avait donné l'ordre de nous droguer). J'ignore comment la reine en a eu vent, mais dès le matin de leur disparition, elle envoya ses soldats à leur recherche et ils retrouvèrent nos enfants sains et saufs. Ils avaient été jetés dans le Nil à bord d'une nacelle de papyrus... Rien que pour cela, je bénirai Sa Majesté jusqu'à ma mort. Ces faits auraient dû être maintenus dans le plus grand secret, mais les hommes à l'origine du complot se sont montrés si lâches et si cruels que j'ai décidé de parler...

« Comme tu le sais, le pharaon Pépi préférait les hommes, et son absence nous laissait dans le désarroi. Lorsque la reine Ipout est arrivée, tout a changé. Les hommes venaient à nous ; des réunions secrètes avaient lieu dans le gynécée, suite auxquelles sont nés ces deux enfants. Mais ces séances conduites par Ipout avaient également d'autres buts. La seconde épouse du pharaon Pépi voulait chasser du trône le roi Mérenrê pour y placer son fils Khenou. Aussi nous a-t-elle demandé d'envoyer à nos frères et sœurs des messages mensongers qui sèmeraient le trouble dans toutes les villes d'Égypte. Nous avons donc menti sur les raisons de la pauvreté et du mécontentement du peuple.

« Les conspirateurs sont Ipout, Khenou, Taharqa et sa femme Sahouré, le grand eunuque Neternakht, le conseiller intime de l'appartement du matin, Neheri, le directeur des cornes, des sabots et des plumes, Vennofer, l'échanson royal,

Renenout, le porteur des sandales, Keprou, le grand prêtre de Ptah, Ptahshepses, et le Pygmée Bolo.

« Ce sont eux qui ont organisé la disette en dissimulant le grain dans des caches. Eux aussi qui voulaient tuer Nitocris. Eux encore qui ont menti au peuple en promettant aux émeutiers qu'ils deviendraient des maîtres à la place de leurs maîtres. C'est la reine Ipout qui a demandé à Bolo d'assassiner le roi, car personne ne voulait commettre un tel crime contre le fils du dieu Rê.

« Mon cher frère, je me sens si triste aujourd'hui d'avoir perdu un homme si bon, épris de justice et d'amour pour son peuple, ainsi que je l'appris trop tard ! Je demande ton indulgence pour le déshonneur que je t'ai apporté. Mais surtout, je demande pardon à la reine Nitocris, à qui je donnerais ma vie pour expier le mal que j'ai fait en gardant le silence. Aussi, je supplie Sa Majesté de ne pas être trop sévère avec mon jeune frère, car il ignorait tout. »

La reine tendit la main vers la feuille de papyrus qu'elle parcourut une dernière fois avant de lever les yeux vers Amosis :

« Brûle-la devant moi et remercie ta sœur pour cet aveu qui te sauve la vie. »

Amosis, qui ne cessait de baiser le sol aux pieds de Nitocris, l'implora de le laisser l'accompagner en Nubie et de lui donner une dernière chance de se racheter et de mourir pour elle.

« Soit..., répondit Nitocris, tu commanderas les troupes spéciales medjays. Ta mission consistera à t'assurer de la neutralité du peuple des hauts plateaux, et à leur fournir l'aide de la puissante Égypte contre les incursions des Koushites. Tu seras abattu au moindre signe de trahison. »

XX

Le 24 du mois de shemou, l'armée doubla l'île Éléphantine et s'approcha de la première cataracte.

On démonta les mâts et les cabines des navires pour les alléger, puis on s'en remit à l'habileté des passeurs. Ces hommes avaient l'habitude de lutter contre le courant et les rochers ; ils étaient vifs et alertes, comme s'ils puisaient leur énergie dans le fleuve intrépide, le seul maître dont ils pardonnaient les caprices.

Il fut décidé qu'une partie de la flotte emprunterait le chenal en contournant les rapides. Construit sous le premier roi Mérenrê, il portait jadis le nom de « Belles sont les voies de Khakaourê ».

Avant de s'y engager, Baba exigea qu'il fût sondé. On s'aperçut alors qu'il n'avait pas été curé depuis longtemps et que de gros blocs de pierre arrachés à la colline l'obstruaient de part en part.

Le lendemain matin, le niveau du fleuve avait baissé. Les passeurs s'étaient accroupis sur les rochers de granit rose et regardaient bouillonner l'eau en hochant la tête :

« Le Nil est bas. On ne passe pas. S'il était plus haut, on pourrait. Mais là, on ne passe pas. Les barques le peuvent car elles sont légères. Pas les bateaux. »

Il fallait contourner les rapides par les berges puis emprunter la route limoneuse qui les longeait.

On mouilla le limon pour le rendre spongieux et plus glissant que l'huile. Par un mouvement de bascule, on fit avancer les coques des navires sur le chemin boueux.

Baba avait réquisitionné les bœufs des villages voisins. Il en manquait encore ; on alla en chercher d'autres. Tout cela prenait du temps.

Parti en éclaireur avec une partie de ses Medjays et quelques soldats habiles, le chef des troupes étrangères Amosis ne revint au campement que le matin du troisième jour, porteur de nouvelles peu rassurantes :

« Majesté, les Nubiens sont plus nombreux que les herbes de la savane. Ils chantent, ils dansent, et leurs prêtres prolongent leurs transes en leur faisant boire une potion qui les rend insensibles à la douleur, si bien qu'ils se croient invincibles.

– Où se sont-ils regroupés ? intervint Baba.

– À trois jours de marche, non loin du ouadi Allaqi.

– Tu es allé très vite, Amosis... Comment as-tu fait ?

– Nous avons couru. »

Baba jeta un rapide coup d'œil à l'un de ses hommes, qui avait accompagné l'expédition. Le guerrier acquiesça d'un discret battement de paupières.

« Qui sont-ils ? questionna de nouveau Baba.

– J'ai reconnu des guerriers des tribus de Ouaouat, de Outhet, de Derr et de Koush. Ces dernières se sont toutes rassemblées sous le commandement de Zambatou, prince d'Irthet. Seules les tribus medjays ne participent pas aux réjouissances.

– Pourquoi ? demanda Nitocris.

– Parce que, répondit Amosis, les Nubiens ont de tout temps empoisonné les puits des Medjays, emmené leurs femmes et leurs enfants en captivité...

– Ainsi, coupa Nitocris, les Medjays verraient certainement d'un bon œil que l'Égypte occupe la Nubie ! »

Ameni et Baba acquiescèrent. Beket songea que l'Égypte n'était pas moins sauvage que la Nubie dont elle dénonçait la cruauté ; qu'elle aussi coupait les arbres fruitiers, enlevait femmes et enfants, sans jamais se poser la question de son bon droit...

Il fallut trois jours pour faire franchir aux navires de guerre la première cataracte. L'armée progressait lentement le long du Nil afin de sécuriser les berges. On sondait le lit du fleuve à l'aide de longues perches car les bancs de sable étaient fréquents et changeaient constamment de place à cette époque de l'année.

Nitocris était allongée dans l'ombre de la cabine royale. De temps en temps, entre deux rochers de granit, elle apercevait l'immensité de la savane jaunie par le soleil.

Puis les rochers disparurent ; la flotte arriva en vue des hauts plateaux et des larges plaines du pays de Ouaouat, à deux jours de navigation de leurs ennemis ; d'après les éclaireurs, ces derniers s'étaient repliés vers le sud.

Une délégation de Medjays vint à leur rencontre. Les dignitaires portaient autour de la taille un pagne jaune ou rouge. Sur leurs épaules s'étalait une peau de panthère, et deux plumes d'autruche ondulaient sur leur tête. Leurs serviteurs et leurs esclaves allaient torse nu, les reins ceints d'une peau de bête, la tête rase ou parsemée de frisons gommés. Ils avaient toujours été fidèles à l'Égypte et haïssaient le prince d'Irthet, Zambatou, le plus laid, le plus cruel de tous les hommes.

Le peuple des Medjays désirait la paix. Il voulait de nouveau courir les hauts plateaux sans avoir à craindre les Koushites ; car depuis que le commerce avait cessé entre la Nubie et l'Égypte, la région n'était plus sûre... Aussi souhaitait-il que les échanges reprennent et que les marchands puissent de nouveau vendre leur poudre d'or, leur gomme et leur encens.

Les Medjays reprenaient confiance car ils voyaient dans les yeux de la reine, dont les cheveux brillaient comme un soleil, la puissance retrouvée de l'Égypte. Aussi allaient-ils lui donner d'autres hommes valeureux, des archers redoutables ; car ce qui était bon pour l'Égypte était bon pour les tribus medjays.

Le plus âgé des dignitaires lança un ordre bref, et cinq jeunes hommes s'approchèrent de Nitocris. Chacun portait deux sacs remplis de poudre d'or.

Pour sceller leur alliance, les Égyptiens invitèrent les notables medjays sur le vaisseau royal. On se dévisagea avec bienveillance. Les hommes des hauts plateaux buvaient leur bière en silence. L'un après l'autre, à la dérobée, ils jetaient des coups d'œil en direction de Nitocris ; mais plus la reine leur souriait, et plus ils grognaient en se cachant le visage.

Alors qu'elle sortait de la cabine royale, Beket buta contre Taharqa, qui ouvrit la bouche et agita la langue avec une vélocité de serpent. La suivante étouffa un cri d'horreur et tourna les talons.

Plus que jamais, elle souhaitait la mort de ce monstre.

Les Koushites s'étaient subitement enfoncés vers le sud, par la rive droite du Nil. Ils laissaient derrière eux des villages déserts. Seuls quelques vieillards impotents étaient restés ; de leur regard vague, ils surveillaient les huttes vides.

Il devint vite certain que les Nubiens voulaient choisir l'endroit où ils livreraient bataille aux armées du pharaon.

Baba décida de les prendre de vitesse en leur coupant la route vers le sud. Il confia cette mission à Amosis, secondé par les nomarques d'Edfou et d'El Kab. Les guerriers medjays les guideraient à travers les hauts plateaux dont ils connaissaient chaque recoin. Ils étaient convenus que l'attaque aurait lieu à l'aube du cinquième jour suivant leur départ. De son côté, le commandant de la flotte remonterait le fleuve ; le gros des troupes enfin, conduites par Baba et Satou, rejoindrait la plaine qui s'étendait entre le ouadi Halfa et les monts de la lune. Là, les trois armées se regrouperaient ; elles surprendraient et encercleraient les Nubiens.

Nitocris approuva sans réserve le plan de son commandant des armées. Un point, cependant, n'était pas encore résolu : comment parviendrait-il à se faire obéir par une armée qui était loin d'être unifiée ?

Baba échangea un regard avec Satou avant de répondre :

« Majesté, Satou et moi avons fait reproduire chacune des enseignes de tous les nomes présents. Nous les avons agrandies de sorte qu'elles puissent être reconnues de loin par leurs commandants. Lorsque je dirai "couteau", ou "lièvre", l'enseigne du nome du couteau se lèvera, indiquant à son armée d'avancer, de reculer, de se porter vers la droite ou la gauche selon la direction que je ferai prendre à son emblème. »

La reine trouva le procédé très ingénieux et battit des mains comme une enfant ravie :

« Baba, je serai à tes côtés ! »

Satou poussa un grognement :

« Majesté, ta place n'est pas au milieu des combats, bougonna-t-il.

– Je sais me défendre... »

Et, ce disant, Nitocris fit tournoyer sa fronde sous l'œil impassible de Baba et de Satou.

« Vraiment, intervint Ameni, tu es plus insensée qu'une possédée de la lune ! Et je te le dis parce que tu es mon amie. Veux-tu vraiment risquer la mort ? »

Pour la première fois de sa vie, Nitocris regarda son ami avec dureté :

« Ai-je l'habitude de parler avec légèreté ?

– Pardonne-moi, mais ni moi ni l'Égypte ne pouvons envisager de te perdre. Fais-toi plutôt porter en litière à l'arrière de tes troupes, comme tout pharaon raisonnable... C'est là qu'est ta place !

– Non. La place d'une reine se trouve au milieu de son armée, comme une mère auprès de ses enfants. »

On se plia à sa volonté. Le chef des armées continua d'envoyer des éclaireurs épier l'ennemi, tout en se concertant avec Satou pour assurer la protection de Nitocris.

Baba se sentait surveillé. Il lui arrivait parfois de deviner dans les buissons les prunelles d'un animal sauvage. Lorsqu'il fouillait la savane du regard, il ne voyait plus rien. Un soir au crépuscule, il entendit une pierre rouler. En levant les yeux il vit un homme pieds nus qui bondissait de rocher en rocher.

Un matin à l'aube, il lui sembla percevoir un cri d'enfant. Il sortit du camp et battit la savane. Baba chercha longtemps dans les buissons, mais ne trouva rien. Perché sur une branche, un étrange oiseau le regardait. Après un long face-à-face, l'animal poussa un cri d'enfant.

Au moment où Baba s'apprêtait à rejoindre le camp, il se baissa pour examiner une trace de pas dans la terre. Quelque chose de laineux tomba sur son dos. Il tourna doucement la tête : une énorme araignée rampait sur sa peau !

Baba s'immobilisa. Il y eut un froissement d'herbe, puis un bruit de pas qui se rapprochait. Il vit une paire de jambes, identifia le bruit d'une lame sortant de son fourreau.

« Ne bouge pas ! » dit une voix.

La lame passa devant ses yeux. On y voyait gravé le signe de l'oryx et de la croix de vie. Baba sentit le froid du métal sur son dos.

« C'est fini. Tu peux te relever, général. »

Baba se remit d'un bond sur ses pieds. Devant lui, souriant, se tenait le nomarque Taharqa.

Le soleil couchant avait allumé un brasier sur la plaine et teintait de rose les huttes de terre et les carrières abandonnées de la vallée de Yoshka. Un rire de femme s'égrena dans la douceur du soir.

Comme il se dirigeait vers le navire royal, Ameni aperçut une jeune Égyptienne qui descendait de la passerelle du navire de Taharqa. Elle ondulait telle une fleur de lotus sous le vent, et ses hanches se balançaient si joliment que le sang lui monta à la tête. Sans doute l'une des servantes dont s'entourait constamment le nomarque de l'oryx...

La jeune fille agita le bras dans sa direction :

« Ameni ! »

Le vizir reconnut immédiatement la voix légère et pure de Mennefer. Il eut l'impression que son cœur cessait de battre. Cependant, il poursuivit son chemin. Les petits pieds de Mennefer martelèrent le sol derrière lui.

« Ameni... »

Le vizir se retourna. Son visage était plus pâle que l'albâtre :

« De toutes les créatures de Seth que j'ai rencontrées, il en est une particulièrement méprisable qui porte ton nom, Mennefer. Je ne veux plus jamais te recroiser sur ma route ! »

Mennefer rougit et deux grosses larmes roulèrent au coin de ses yeux :

« Moi qui étais si contente de te revoir... Moi qui voulais que tu me pardonnes... Pourquoi es-tu si méchant avec moi ? »

Ameni esquissa un geste de consolation puis, se ravisant, il tourna les talons et s'enfuit.

Tandis que le vizir courait rapporter l'apparition de Mennefer à la reine, la fille de Taharqa se réfugiait dans sa cabine. Ses yeux étaient déjà secs. Elle ouvrit son coffre et en sortit un poisson séché, un poisson noir du Nil. Elle le plongea dans l'huile parfumée à la rose et l'arrosa d'eau de sisymbrium avant de dire les formules sacrées qui allaient lui attacher le cœur d'Ameni à jamais :

« Tu es la sœur de Rê, la maîtresse de l'uræus grande de magie. Tu es Sekhmet, née de la lune au milieu du mois, pendant la nuit. Tu es la création des eaux primordiales. La faveur et l'amour que Rê t'a donnés, fais-les descendre sur moi, dans cette huile, dans son cœur... »

Pour rien au monde Mennefer n'aurait avoué qu'Ameni la troublait. Il était devenu tellement... viril ! Oui, il avait changé, son corps s'était musclé et il lui avait enfin résisté ; il était un homme. Elle se promit de réciter sept fois cette formule au soleil levant afin qu'Ameni, tel un félin apprivoisé, vienne à nouveau manger dans sa main.

XXI

Nitocris voulait marcher comme un simple soldat, mais Baba s'y opposa. La litière la protégerait grâce aux panneaux de bois qui la flanquaient.

« Ta présence au-dessus des soldats ranimera leur courage. Ils iront au combat sous l'œil du dieu vivant. »

Nitocris haussa les épaules devant la pauvreté des arguments de son commandant en chef ; Baba poursuivit cependant :

« N'oublie pas, Majesté, tous ces animaux sauvages, ces créatures de Seth incontrôlables... Ces lions et ces panthères, ces serpents... »

Nitocris balaya tout cela d'un revers de la main, ajusta sa tunique, assura sa fronde et son sac de billes en argile. Enfin, elle repoussa le châle royal que Beket s'apprêtait à nouer sur sa tête, lui préférant le désordre de ses boucles blondes qui serviraient d'enseigne, de point de ralliement à ses troupes.

Baba semblait à court d'arguments lorsqu'il ajouta :

« Il existe également, Majesté, de très grandes araignées, très noires et très grosses, dont la piqûre peut être mortelle... »

Nitocris poussa un cri d'effroi :

« Des araignées, dis-tu ?

– Hélas, oui, Majesté...

– Satou ! Est-ce vrai ce que raconte Baba ?

– Je n'en ai pas vu, mais j'en ai entendu parler... Je sais aussi que Baba ne mentirait jamais à la reine.

– Et ces araignées, elles sont grosses comment, Satou ? »

Satou ferma son poing :

« À peu près comme cela...

– Dans ce cas, il est sans doute préférable que je ne m'expose pas inutilement au danger. Qu'en penses-tu, Baba ? »

Baba échangea un sourire de connivence avec Beket qui, pour parer au danger, lui avait confié la seule peur que Nitocris eût jamais éprouvée.

« Je pense que Sa Majesté a pris une sage décision. Il nous faut protéger la reine afin qu'à son tour elle protège le peuple d'Égypte. »

Pour dissimuler son soulagement, Nitocris adopta ce ton réprobateur que ses amis lui connaissaient si bien pour demander avec mauvaise foi :

« Allons ! Qu'attends-tu ? Comment se fait-il que ma litière ne soit pas déjà prête ? »

Accompagné de ses porte-enseignes, Baba fit avancer l'armée, nome après nome, dans un ordre parfait. Autour de la reine marchait la troupe d'élite de la garde royale. Sur les flancs se tenaient les soldats du nome du lièvre et du dauphin, réputés pour leur bravoure. Derrière eux, les archers medjays à l'impressionnante stature.

Ils firent halte aux abords d'un village koushite en partie déserté. Des vieillards, qui n'avaient pas pu fuir devant l'avancée des troupes égyptiennes, s'étaient regroupés devant la maison de leur chef, au milieu de la place.

Baba donna ordre de contourner le village après l'avoir fouillé, et l'armée s'écoula le long de ses palissades en roseaux, comme un fleuve glisse autour d'un rocher. Puis il expédia ses éclaireurs medjays.

À trois heures de marche se trouvait une plaine immense sur laquelle l'armée pouvait établir son campement. La tête de Beket dodelinait sur l'épaule de la reine. Les porteurs, dont les équipes se relayaient fréquemment, s'appliquaient à marcher d'un même pas, et reposaient la litière avec douceur afin qu'aucune secousse ne vienne troubler son sommeil. Mais Nitocris résistait avec vaillance : une reine d'Égypte ne dormait pas.

Ils étaient arrivés au cœur du pays Ouaouat. D'énormes rochers brun et rouge étaient plantés dans la terre, en arc de cercle, semblables à une denture de géant. Nitocris se désolait. Elle n'avait vu aucun animal sauvage. À peine avait-elle entrevu une girafe arrachant paisiblement les feuilles d'un arbre, quelques singes qui se chamaillaient...

L'un des porteurs trébucha soudain, faisant tanguer la litière. Beket se réveilla en sursaut. Au loin, des vautours postés en sentinelle surveillaient leur approche. D'autres, perchés sur les hautes branches d'un acacia étêté au squelette blanchi, semblaient arracher l'écorce de l'arbre à grands coups de leur bec crochu.

« Regarde ! » dit la reine.

À mesure que la litière approchait, il lui sembla que l'arbre était affligé d'une excroissance, et qu'il tremblait de toutes ses branches. Beket serra avec force le bras de Nitocris.

Une lionne avait été attachée au tronc de l'acacia. On lui avait passé une corde autour du cou, une autre relevait ses pattes avant, les maintenant au-dessus de sa redoutable tête. D'une longue blessure coulait un sang noir, épais, dans lequel des milliers de vers et de mouches grouillaient et bourdonnaient.

Beket agita l'éventail en feuille de palme et fit signe au chef des porteurs d'accélérer le pas. Au même moment, Nitocris leva la main pour stopper la litière :

« Taisez-vous ! Ne bougez plus ! J'ai cru entendre un cri d'enfant... »

On tendit l'oreille. Satou désigna quelques arbustes adossés à la roche :

« J'ai vu bouger les feuilles. On nous observe... »

Saisissant au passage la lance d'un guerrier, le colosse s'avança prudemment.

« Qui que ce soit, intervint Nitocris, je ne veux pas que tu le tues ! »

Le géant ne répondit pas. Il s'avança près du bouquet d'arbustes et des fourrés d'aloès, écarta les feuilles de la pointe de sa lance. Puis il s'arrêta et tendit son arme à un soldat. Un large sourire illumina son visage.

Sur l'herbe sèche qui lui servait de litière, un lionceau l'observait d'un œil rond et candide. Satou s'accroupit, avança la main, l'animal recula. Il recommença, le lionceau l'effleura de sa langue râpeuse. À présent qu'il était sorti de l'ombre, on s'aperçut que le félin se tenait debout avec difficulté.

Satou le prit dans ses bras, ordonna qu'on lui apporte immédiatement de l'eau et du lait d'ânesse. Puis il tendit la bête à Nitocris :

« Pour toi, Majesté, le premier présent du pays de Koush.

– Merci, Satou. »

Elle le leva bien haut en le tenant sous les épaules afin de l'examiner :

« Tu es superbe. Je te garde... Satou, attends ! Cette bête est remplie de puces et de vermine ! Fais-lui donner un bon bain. »

Nitocris rendit le lionceau au géant et se tourna vers Beket :

« Encore un enfant abandonné... »

Ils dépassèrent le ouadi Halfa et firent halte dans la plaine qui le bordait. Une savane d'herbe sèche, aisément inflammable, s'étendait à l'infini autour d'eux. Les soldats les coupèrent et creusèrent autour du camp un fossé large de cinq pas, profond de six coudées. Avec la terre, on éleva une butte dans laquelle on enfonça plusieurs pieux aiguisés, puis on dressa des tours de guet aux quatre coins du camp.

Baba préférait attendre l'arrivée de la flotte avant de poursuivre son avancée ; il expédia une douzaine d'éclaireurs en direction du Nil. Trois heures plus tard, ces derniers étaient de retour. Les navires de guerre, les barges et les barques étaient arrivés à l'aplomb du campement. Hélas, le gros de l'escadre était bloqué par le faible débit du Nil, à la hauteur de la deuxième cataracte. Seules les barques légères pouvaient progresser.

Baba s'inquiéta. Pouvait-il continuer à avancer jusqu'à établir sa jonction avec Amosis, sans pouvoir se replier par le Nil ? Il dépêcha ses deux meilleurs éclaireurs afin qu'ils tentent de repérer l'armée du chef des troupes étrangères ainsi que le rassemblement des Koushites. Mais à la nuit tombée, les deux guerriers n'étaient toujours pas rentrés.

On avait dressé la tente de la reine au centre du campement, protégée par plusieurs rangées de soldats. De longs boucliers recouverts de cuir d'hippopotame formaient une haie autour d'elle, la défendant du regard des hommes. Audessus de sa tente, d'autres boucliers en bois faisaient un toit contre les flèches et les lances, et tout autour, les bivouacs s'organisèrent le long d'allées rectilignes qui se coupaient à angle droit.

Une brise soufflant doucement du nord, Baba avait interdit que l'on fasse du feu. Ce soir-là, Nitocris ne célébra pas le culte de la déesse Isis. Ni celui de Neith qui précède le pharaon dans la bataille. Elle se contenta d'oindre leurs statuettes et celle de Nekhbet afin que la déesse étende ses ailes protectrices sur sa fille Nofret.

Puis les ténèbres tombèrent sur le campement. On n'entendit plus que le cri des oiseaux ou le hurlement d'agonie d'un animal pris entre les crocs d'un félin.

Baba sursauta. Un silence lourd, plus dense et menaçant que celui du désert, l'avait tiré de son sommeil. Les bruits nocturnes l'avaient endormi, leur absence le réveillait.

Il se releva sur un coude. Tous ses sens étaient en alerte. Il secoua Satou en lui mettant la main sur la bouche pour étouffer son cri. Le géant ouvrit grands les yeux.

« Tu n'entends pas ? » demanda Baba.

Satou tendit l'oreille :

« Je n'entends rien.

– C'est bien ce que je pensais, on n'entend rien...

– Pourquoi me réveilles-tu si tu n'entends rien ?

– Ce silence m'inquiète... »

Satou soupira d'un air las :

« Si tu n'entends rien, c'est que tu n'as pas de raison de t'inquiéter... Dors ! »

Baba approcha sa bouche de l'oreille de Satou :

« Viens. Je veux en être sûr ! »

Satou se frotta les yeux et déplia sa haute carcasse en geignant, car sa natte avait été dure à son dos.

La nuit était noire lorsqu'ils sortirent de leur tente. Ils se dirigèrent à pas feutrés vers la première sentinelle. L'homme dormait, la tête appuyée au creux de son bras. Au moment où Satou s'approchait pour le réveiller, Baba interrompit son geste :

« Ne le touche pas ! Regarde... »

Un long trait rouge barrait son cou d'une oreille à l'autre. Baba désigna l'endroit où devait se tenir la seconde sentinelle. La tête tournée vers les étoiles, le soldat semblait sourire, et ses yeux grands ouverts regardaient fixement le ciel.

« Viens ! » dit Baba ; et ils retournèrent vers l'intérieur du camp, côte à côte, sans parler. Le chef des armées tentait de percer les ténèbres, mais par cette nuit sans lune, la savane ne semblait pas plus agitée que la surface noire d'une mare.

« Qui ? demanda-t-il enfin à haute voix.

– Les Koushites... Sans doute...

– À moins que...

– Oui... »

Baba se tut. Il appréhendait une trahison. Il fallait se hâter.

« Qu'est-ce qu'on fait ? chuchota Satou.

– On réveille l'armée.

– Et la reine ?

– La reine aussi... »

Baba fit réunir les officiers et les nomarques pour les informer de la nouvelle situation. Seul Taharqa manquait à l'appel. Un Medjay l'avait vu quitter le camp et prendre la direction du fleuve à la tête d'une petite troupe. Mais Baba n'avait pas de temps à perdre avec la défection de Taharqa.

À l'est, le ciel blanchissait et l'armée émergeait de son sommeil. Le commandant en chef fit placer les lanciers au centre ; les soldats sur les ailes. Derrière eux et de chaque côté, on posta les archers et les frondeurs.

Baba chargea Beket de réveiller la reine. Nitocris ne sembla ni surprise ni émue. Un sourire de défi et d'allégresse flottait sur ses lèvres. Une fois encore, la reine repoussa la perruque que sa suivante lui tendait afin de dissimuler ses cheveux blonds. Elle voulait être reconnaissable. Elle voulait entendre les flèches siffler autour d'elle, défier les javelots et les sagaies.

Lorsque l'aube parut enfin et que la savane tout entière se changea en un océan de Koushites peinturlurés, coiffés de plumes d'aigrettes blanches, rouges et roses, Nitocris souriait encore. Elle ne changea pas plus d'expression à la vue des milliers de Nubiens qui, semblant surgir de terre, s'élançaient vers le campement en poussant des cris de guerre, et dont les rugissements remplissaient l'air d'un fracas plus épouvantable que le tonnerre du dieu Seth.

Debout sur un bouclier que deux lanciers avaient rabattu au-dessus de leur tête, Baba appela ses porteurs d'enseignes.

Le chef des assiégeants en fit autant. De petite taille, plus gras qu'une hyène gavée, le prince d'Irthet Zambatou gesticulait en brandissant sa lance. Le mufle de sa peau de lion coiffait sa tête en bordant ses traits d'un cercle de crocs ; deux pattes se croisaient sur sa poitrine, celles de derrière laissaient pendre leurs griffes sous les genoux.

La première attaque des Koushites fut arrêtée par les larges fossés creusés autour du camp. Ne pouvant ni les franchir d'un bond ni les contourner, les assaillants s'y débattaient en se gênant mutuellement. En face d'eux, les lanciers formaient avec leurs boucliers une palissade de bois où les flèches nubiennes venaient se planter en vibrant. Bien à l'abri de leurs monticules, les archers ajustaient leur tir. Chacune de leurs flèches touchait sa cible.

Debout aux côtés de Baba, Satou passait lentement en revue la colonne de ses jeunes recrues. Une sorte d'attendrissement le saisit tandis qu'il prodiguait ses ultimes conseils, assurant par ici une main qui tremblait sur le manche d'une hache, resserrant par là les bandelettes trop lâches qui enserraient un torse...

« Ne tremblez pas mes braves vauriens, car aujourd'hui vous allez montrer à la reine, à votre commandant en chef et à votre instructeur que vous savez faire bien mieux que de détrousser des vieillards et des femmes ! Vous entendez ? Vous entendez les Scarifiés ? Leurs cris ne seront que vagissements de nourrissons face à ceux que vous pousserez lorsque votre général vous mènera au combat ! Et n'oubliez pas que je vous ai appris à rester en rangs, à ne pas fermer les yeux lorsque vous fendrez en deux la tête de votre adversaire... Ne vous posez pas de questions, frappez, cognez, votre hache fera le reste... Aussi, n'oubliez surtout pas le châtiment que mon fouet réserve à tous ceux qui chercheront à s'enfuir... Lorsque vous aurez battu les Scarifiés, vous pourrez vous partager leurs troupeaux, leurs femmes et leurs richesses, et quand vous serez de retour dans vos villes et vos villages, vous serez submergés de caresses, car les femmes aiment les hommes courageux... »

Satou regarda Baba ; le moment était venu.

« À présent, conclut le géant, vous allez nous suivre au combat en criant de toutes vos forces ! Allez, mes braves vauriens, suivez-moi ! »

Au signal de Baba, les lanciers s'écartèrent en se déployant comme des ailes d'hirondelles ; les soldats poussèrent les hurlements les plus effrayants qu'ils pouvaient, car en même temps qu'ils criaient leur colère, ils hurlaient leur peur et leur désir de vivre. Ils se lancèrent au pas de course à l'encontre des Nubiens, piétinant le corps de ceux qui étaient tombés, prenant appui sur un crâne, un ventre, une jambe.

Pourtant, les Koushites ne semblaient pas vouloir plier, et leurs renforts arrivaient sans cesse.

Au premier rang, la tête émergeant d'un nuage de poussière, Baba se frayait un chemin à coups de hache. À ses côtés, Satou balançait son javelot à gestes mesurés. Tantôt frappant, tantôt transperçant. Parfois, utilisant sa lance comme un levier, il soulevait les hommes de terre.

Le chef des armées ordonna aux archers de concentrer leurs tirs sur les arrières des Nubiens. Ils pointèrent alors leurs arcs vers les cieux ; les flèches bruissaient au-dessus des têtes et redescendaient en sifflant, s'enfonçant dans les crânes, se plantant dans les dos en ronflant, pareilles à des milliers de guêpes.

Cependant, la pression des Nubiens ne faiblissait pas. On aurait dit que Zambatou disposait d'un réservoir inépuisable de guerriers. Les premiers rangs des lanciers égyptiens ployèrent. Les soldats qui se trouvaient derrière eux cherchèrent une issue du regard. Les coups de fouet de leurs officiers les renvoyèrent aussitôt au combat.

Au moment où les premières lignes furent sur le point d'être enfoncées, un flottement s'empara des rangs ennemis.

Baba tourna la tête. Portée au-dessus du sol par trois soldats, la reine Nitocris semblait flotter au-dessus des herbes sèches. La reine était apparue du côté du soleil levant qui embrasait son épaisse chevelure. Elle était aussi calme et hautaine qu'un jour d'audience dans la salle du Grand Conseil du palais.

Les soldats furent saisis de stupeur. On aurait pu croire que, par l'autorité de sa seule présence, elle venait s'interposer et faire cesser les chamailleries d'une bande de gamins turbulents.

Profitant de la situation, Baba fit signe de reprendre le combat, tandis que la puissante voix de Satou tonnait pardessus les têtes :

« Allez, mes braves vauriens ! Suivez-moi ! »

Les deux hommes se mirent à frapper ceux des Nubiens qui leur barraient le passage, et tous les chefs de guerre, tous les officiers et les nomarques firent de même à la tête de leurs troupes.

L'instant de stupeur passé, quelques archers nubiens ajustèrent l'apparition divine. Les flèches sifflaient aux oreilles de Nitocris sans jamais l'atteindre. Bientôt, les soldats de Baba furent convaincus que la puissance divine était en elle. Ils redoublèrent d'ardeur.

L'armée de Pharaon avançait au cœur de l'ennemi, mais celui-ci se refermait sur elle, l'étouffant toujours sous le nombre.

Soudain les Koushites poussèrent un hurlement furieux. Une partie d'entre eux prit la fuite et se mit à courir vers leurs arrières. Zambatou se dressa sur son bouclier. Il vociféra en pointant le doigt vers fleuve. Trépignant et bondissant de rage sur son bouclier, il disparut bientôt dans un ultime craquement.

Les longues plumes des archers medjays conduits par Amosis apparaissaient vers le sud, tandis qu'au nord une compagnie de soldats égyptiens taillait en pièces les arrières nubiens. À leur tête, Baba crut apercevoir la haute stature de Taharqa.

La plaine était couverte de cadavres, et l'odeur de la mort flottait sur la savane. Les Égyptiens, éprouvant la fureur de la victoire, percèrent de leurs lances ceux qui bougeaient encore, n'épargnant pas ceux qui déposaient à présent leurs armes en signe de reddition. Aussi, lorsque le soleil monta au plus haut dans le ciel, la brousse n'était plus qu'une mare de sang.

Les soldats s'appliquèrent à couper les mains des Koushites. Elles s'amoncelèrent en tas, et les scribes de l'armée purent ainsi établir un compte précis des pertes causées à l'ennemi.

On chercha la reine du regard, mais cette dernière avait déjà quitté le champ de bataille. Alors, on apporta au chef des armées le coffret en bois contenant la statue du dieu Min. Ce jour-là, au lieu d'enduire le dieu d'huiles délicates et parfumées, on le lava dans le sang des Koushites afin de régénérer sa force et afin qu'à son tour, il la fasse rejaillir sur les soldats égyptiens.

XXII

Lorsque la fille du dieu soleil se décida enfin à sortir de la cabine du vaisseau royal, elle fut accueillie par une longue clameur de triomphe. Elle autorisa ses plus braves soldats à monter à bord. Ils s'approchèrent d'elle afin de la vénérer, et lui demandèrent ce que l'on demande aux dieux :

« Fais surgir une montagne couverte de fruits.

– Donne à mes membres la vigueur de la jeunesse.

– Fais que ma descendance soit nombreuse, la première dans ma ville, et qu'on la considère.

– Chasse ce nuage.

– Fais se lever la lune.

– Donne-moi une place dans le champ des Bienheureux.

– Ordonne au Nil de déborder... »

Nitocris étendit ses mains au-dessus de leurs têtes avant de répondre :

« Je suis la fille du dieu Rê et je ne discute pas ses mystères. Le dieu de ce monde est dans la lumière, au-dessus du firmament, mais ses emblèmes sont sur la terre. Ne l'oubliez jamais ! »

Le lendemain, la crue nouvelle gonfla lentement le ventre du Nil. La reine célébra le commencement du commencement, le Nil rajeunissant qui bondit comme un jeune homme féconde une femme. Enfin, elle rendit grâce au dieu Khnoum qui ouvrait les deux battants du fleuve de ses mains puissantes.

Baba avait félicité Taharqa pour son intervention, bien qu'elle se fût produite sans son autorisation. Le chef des armées en profita pour interroger le nomarque. Son départ avait ressemblé à une fuite, et ce dernier en convint mais, pour que sa manœuvre fût audacieuse, justifia-t-il, elle nécessitait le plus grand secret. D'ailleurs, n'avait-il pas pleinement réussi ?

Baba l'admit.

« Les sentinelles, ajouta-t-il cependant, pourquoi n'ont-elles pas donné l'alerte ?

– Le commandant en chef des armées ne sait-il pas que les soldats du nome de l'oryx étaient de garde ce soir-là ?

– Tes hommes t'ont donc laissé passer ?

– Je leur en avais donné l'ordre.

– Quelles explications as-tu fourni à tes soldats lorsqu'ils t'ont suivi ?

– Je ne leur en ai donné aucune. Mes soldats obéissent, ils ne posent pas de questions.

– Surtout lorsqu'ils sont morts... Comme ce fut le cas des deux sentinelles... »

Taharqa ne répondit pas. Il se contenta de dévisager Baba avec un sourire railleur, tout en levant les bras au ciel dans un geste d'impuissance. Baba était convaincu que le nomarque avait voulu fuir ou trahir, et que seule la bonne fortune des Égyptiens l'avait fait changer d'avis. Mais il était plus rusé qu'une meute de renards et ne laissait aucune trace derrière lui.

Baba félicita les soldats qui s'étaient comportés avec bravoure face au danger. Puis il passa l'or du mérite au cou du chef des troupes étrangères Amosis. Enfin, il autorisa l'armée à piller les villages, mais seulement après que l'élite de ses troupes eut donné la chasse aux princes de Ouaouat, de Outhet et de Koush. Selon la coutume, ils devaient être pendus tête en bas à la proue du vaisseau royal qui remonterait triomphalement le Nil. Baba avait promis une forte récompense à qui lui ramènerait le prince d'Irthet, Zambatou.

Les premiers villages ayant été désertés par leurs habitants, les Égyptiens se contentèrent de couper quelques arbres fruitiers et d'empoisonner les puits. Satou réprouvait ces comportements, mais ne chercha pas à les empêcher, car il était bon et juste que les soldats rapportent quelques souvenirs de leur campagne.

Les derniers guerriers koushites fuyaient devant les armées de Pharaon. Par un mouvement tournant, ces derniers tentèrent en vain de leur couper la route du sud. Les deux troupes ennemies finirent par se suivre et ne plus se quitter.

Un matin, les Égyptiens virent un petit nuage de poussière qui s'avançait vers eux. Les Koushites. Ils venaient du sud de la deuxième cataracte, là où commençait le pays de Khentennefer [1]. Les Nubiens s'étaient retranchés à l'intérieur d'un village qu'ils avaient tenté de fortifier, élevant à la hâte des murets de glaise qui n'avait pas eu le temps de sécher.

Satou appela un soldat medjay qui parlait leur langue :

« Dis-leur que je reconnais leur bravoure, mais que trop de sang a déjà coulé et qu'ils peuvent encore se rendre. »

Pour toute réponse, les Nubiens jetèrent par-dessus le muret une carcasse d'animal.

Satou attendit le crépuscule pour lancer son attaque par le côté ouest du village. Les flèches crépitèrent tout à coup, et les boules d'argile se mirent à ronfler de tous côtés. Gênés par les derniers rayons du soleil, les Koushites jetaient au hasard leurs lances devant eux. Quand elles ne se perdaient pas dans les grandes herbes brûlées, les Égyptiens et les Medjays les évitaient. Elles se plantaient alors dans la terre en vibrant.

---

1. Le pays de Khentennefer est la région qui commence en Nubie au sud de la deuxième cataracte.

Les Nubiens furent rapidement à court d'armes, et ceux qui ne possédaient plus qu'une massue abattaient les murets de terre afin d'utiliser contre les Égyptiens les morceaux qui se désagrégeaient.

La victoire égyptienne était totale. Une poussière dense et lourde envahit le village. Lorsqu'elle se dissipa, les Medjays s'appliquaient encore à découper en croisillons la peau du crâne de leurs ennemis afin de la rabattre sur leur front. Puis le soleil rouge commença sa course vers l'occident.

On attacha les bras des prisonniers au-dessus de leur tête. Leurs glorieuses plumes d'autruche pendaient piteusement sur leurs épaules ; sur leurs peaux de panthères, leurs insignes de commandement étaient rougis par le sang.

Nitocris fit rassembler les princes du pays de Ouaouat, de Outhet et de Koush qui, l'un après l'autre, reçurent une flèche tirée en plein cœur par un archer medjay.

Puis vint le tour du prince d'Irthet. Zambatou fit crânement face aux puissants Medjays et, tout en désignant sa large poitrine du menton, il dit quelques mots dans sa langue avant d'éclater d'un rire sonore.

Nitocris demanda à Ameni qu'on lui traduisît ces paroles, et le vizir fit venir à lui un officier medjay.

« Qu'est-ce que le prince d'Irthet a dit ?

– Il a dit : “Vous ne risquez pas de me manquer, il y a de la place !”

À son tour, Nitocris se mit à rire :

« Dis au prince que la reine aime les hommes courageux et que l'Égypte voudrait parler de paix avec lui, comme avec la Nubie tout entière. »

Zambatou leva ses mains attachées.

« Détachez-le ! » ordonna Nitocris.

Le Nubien s'adressa directement à la reine. Il comprenait et lisait la langue sacrée, car il était prince d'Irthet et son père avait été élevé à la cour du pharaon Pépi.

« Majesté, la coutume n'est-elle pas chez toi comme chez nous de boire une coupe de vin avant de parler ? »

Nitocris fit signe à Zambatou de la rejoindre sur le pont du navire. Le prince d'Irthet frotta ses poignets entaillés par les cordes.

« À présent, dit-il avec un brin de moquerie, que Ta Majesté a conduit d'un cœur ferme les troupes de la puissante Égypte au pays de Yam, les habitants de la Nubie, remplis de reconnaissance pour l'honneur immense que tu nous as fait, te font part, par ma bouche, de leur amour et de leur grand désir de t'offrir tous les présents qui peuvent réjouir ton cœur.

– Merci, prince Zambatou, nous saurons les accepter comme il se doit. À mon tour, je peux te garantir que si la sécurité du peuple égyptien est assurée et que les Koushites ne tentent pas d'empiéter sur les territoires de l'Égypte, je serai prête à rouvrir le marché d'Éléphantine pour le bien de tous. »

Zambatou but une gorgée de vin et fit claquer sa langue bruyamment :

« Ton pharaon aurait-il une fille à me donner ? Car il serait bon que nos deux pays renforcent leurs liens de sang, afin d'accomplir toutes ces promesses de bonheur... »

Nitocris coupa le prince d'Irthet d'un geste.

« Ne blasphème pas, prince Zambatou, les filles du pharaon ne peuvent épouser un étranger car elles sont les descendantes des dieux.

– Pourquoi, Majesté ? Le sang d'un Nubien n'est-il pas aussi rouge que celui d'un pharaon ?

– J'ai vu couler le sang des guerriers de Koush, et j'ai vu aussi couler le sang d'un pharaon. Tu as raison, ils ont la même couleur... Mais il se trouve que le pharaon n'a pas de fille. »

Zambatou baissa la voix en se rapprochant de la reine :

« J'ai plus de trois cent cinquante femmes dans mon

harem, et bien que je sois un homme très puissant, je n'en reçois jamais plus d'une dans la journée. Cependant, ma dignité et mon pouvoir seraient renforcés si, parmi mes épouses, figurait la fille d'un pharaon. Les pays de Ouaouat et les pays de Khentennefer et d'Irem m'honoreraient encore davantage... Ce qui est bon pour Zambatou le serait aussi pour l'Égypte, qui est son alliée ! Alors, qu'importe si le pharaon n'a pas de fille... Envoie-moi une princesse, une Égyptienne noble. Je dirai à tous ici qu'elle est la fille du pharaon, et tout le monde me croira. Car personne au pays de Yam n'oserait mettre en doute la parole de Zambatou ! »

Nitocris parut songeuse ; le menton appuyé au creux de sa paume, elle caressait sa lèvre supérieure. Elle se tourna vers Ameni et lui murmura quelques mots à l'oreille. Le vizir la dévisagea l'air effaré. Il hésita quelques instants, puis quitta rapidement le navire royal. Il revint un peu plus tard, accompagné de l'escorte de la reine. À ses côtés marchait la fille de Taharqa. La jeune femme se prosterna aux pieds de Nitocris qui la releva d'un geste amical.

« Mennefer, ma petite Mennefer... »

Zambatou détailla d'un air gourmand les charmes de la belle Mennefer. Il préférait les femmes plus rondes, mais celle-ci... Bien engraissée, avec plus de hanches et de poitrine, il serait jalousé au pays de Yam et jusqu'au pays de Pount !

« Majesté, répondit la jeune femme d'une toute petite voix, je suis si contente de te revoir enfin...

– Moi aussi, Mennefer, moi aussi... Ameni ! Reste là ! »

Mennefer glissa un regard langoureux vers le vizir, mais celui-ci se hâta de détourner la tête.

« Mennefer, reprit Nitocris, il y a bien longtemps, nous avons eu une longue conversation concernant l'époux auquel ta mère te destinait. Son choix, je crois, s'était porté sur Khenou, dont elle pensait qu'il avait de fortes chances d'être roi...

– J'aurais préféré Ameni.

– Oui, mais la vie et les dieux ont en décidé autrement,

et je voudrais aujourd'hui que ton père lui-même te conduise vers l'époux que je t'ai choisi. Taharqa ! »

Confiante et souriante, Mennefer s'accrocha au bras de son père en continuant de lancer des œillades au vizir. Seul Taharqa était blême, car il avait déjà saisi où la reine voulait en venir.

« Cesse donc de te réjouir, siffla-t-il entre ses dents, tu n'as donc pas plus de jugement qu'une oie du Nil ? »

À mesure que Mennefer s'approchait, Zambatou la dévorait du regard avec la convoitise d'un grand fauve.

« L'époux que je te destine, ma chère Mennefer, sera encore plus grand que tu ne l'imaginais, car il régnera bientôt sur un puissant pays... »

Taharqa se contraignait à sourire, bien qu'il eût toutes les peines du monde à ravaler sa rage.

Nitocris se tourna vers Zambatou :

« Vois, j'ai choisi pour toi la plus belle et la plus douce des princesses égyptiennes. Fais-en la reine de ton gynécée, ta première épouse, car elle le mérite ! »

Les yeux de Mennefer allaient d'Ameni à son père afin qu'ils lui confirment que tout cela n'était qu'une plaisanterie... Puis elle comprit. Elle dévisagea son futur époux, et les larmes se mirent à couler sur son beau visage.

XXIII

« Assez ! » hurla Satou.

Le lionceau voulait jouer. Avec ses crocs pointus, il pinça une seconde fois le mollet du colosse. Satou se retourna et donna deux tapes sur le museau de l'animal.

Le rire argentin de Nitocris s'échappa de sa cabine :

« Satou... Peut-être devrais-tu lui lécher les oreilles pour parfaire son éducation ? Courage... Encore quelques leçons et il sera plus docile qu'un courtisan ! »

Le guerrier se dirigea vers la cabine royale. Le lionceau se leva et trottina sur ses talons.

« Je veux que tu sois fière de lui et qu'il soit plus obéissant qu'un petit chien... »

Nitocris sortit de sa cabine en souriant :

« Empêche-le d'abord de tomber par-dessus bord, d'avaler mes colliers ou de dévorer mon bâton de commandement. Tiens, donne-lui ça. »

Nitocris posa une balle de cuir jaune dans la main de Satou, qui la laissa tomber devant le museau du lionceau. L'animal la flaira, la mâchouilla, puis il la lança dans les airs, la rattrapant au vol de sa griffe acérée, sous l'œil ravi de la reine.

« Oh, Satou, qu'il est drôle... Ce sera mon cadeau de Nubie à ma fille Nofret. Qu'en penses-tu ? »

Zambatou avait obtenu de sa nouvelle alliée que l'on ne pendît point les dépouilles des princes khoushites à la proue du navire. On se contenta d'attacher par les pieds quelques cadavres de guerriers ouaouats, accrochant à leur cou les insignes princiers et les peaux de panthères. Il importait surtout de montrer aux Nubiens que la puissance de l'Égypte ne devait jamais être discutée.

Durant toute la remontée du fleuve en crue, leurs têtes avaient plongé dans les remous du Nil. Lorsqu'elles en émergeaient, elles semblaient pleurer les larmes du fleuve sacré. Parfois, lorsque les vagues se creusaient, les crânes cognaient avec un bruit sourd contre la coque, et ce bruit résonnait si douloureusement dans le cœur de la reine qu'elle ordonna que l'on rendît les corps au Nil bien avant de franchir la première cataracte.

Puis la flotte se laissa porter jusqu'à Memphis par la crue du fleuve. Les barges étaient remplies de poudre d'or, de bois d'ébène, d'ivoire et d'encens, grosses de tous les trésors du pays de Yam.

Memphis était en joie. La foule avait envahi les terrasses, les jardins et les remparts afin d'apercevoir les premiers navires annoncés ; on avait repeint les statues des dieux, parsemé les rues de fleurs coupées, brûlé des huiles parfumées à chaque carrefour pour accueillir dignement l'armée victorieuse.

Nitocris quitta rapidement le navire, s'engouffra dans sa litière et s'enferma dans son palais.

Les larmes versées par Selima sur le quai lui avaient clairement signifié que la reine Neit avait rejoint le royaume d'Osiris. Une fois arrivée dans ses appartements, Nitocris serra contre elle la vieille Selima, dont elle essuya les larmes du bout des doigts :

« Raconte-moi.

– Il n'y a rien à raconter, dit Selima en poussant un profond soupir. J'étais tranquillement assise à côté de ta mère...

Elle dormait... Elle a ouvert les yeux en désignant la cruche d'eau. Quand je suis revenue vers elle, ses yeux étaient toujours grands ouverts...

– Elle n'a donc pas souffert, elle a eu de la chance, conclut Nitocris.

– Oui. Tu sais, lorsqu'elle a rendu son dernier soupir, j'ai entendu comme un froissement d'ailes. Ce devait être une colombe ou une hirondelle... Oui, maintenant que je t'en parle, je suis sûre que c'était une hirondelle.

– Sans doute... »

Toutes deux s'arrêtèrent de parler, comme pour surprendre le ba de Neit voletant au-dessus de leurs têtes.

« Elle a rejoint sa demeure d'éternité aux côtés de Pépi et de ton frère, ajouta Selima.

– Je veillerai à ce qu'elle ne manque de rien et que sa table d'offrandes soit toujours bien garnie. »

De sa main ridée, Selima agrippa le poignet de Nitocris :

« La mère royale parlait beaucoup de toi ces derniers temps.

– Ma pauvre Neit...

– Je ne comprenais pas grand-chose à ce qu'elle racontait car les mots ne lui venaient plus dans le bon ordre. Elle mélangeait tout... Elle ne voyait plus les saisons se succéder et les jours lui pesaient de plus en plus. Le dernier soir, mais j'ignorais encore qu'il s'agissait du dernier, elle s'est mise à parler très distinctement. »

La voix de Selima s'était brusquement étouffée.

« Que disait-elle ?

– J'ai entendu ta mère murmurer : "J'ai peur."

– Elle avait sans doute peur de mourir...

– C'est ce que j'ai d'abord cru. J'ai tenté de la calmer et de la rassurer, mais elle m'a repoussé avec force en criant que je ne comprenais rien. Puis elle a répété : "J'ai peur."

– De quoi avait-elle peur ?

– Elle m'a répondu : “Ma fille Nitocris me fait peur. J'ai peur d'elle. J'ai peur pour elle. Ma fille se consume.”

– Et quoi d'autre ?

– Rien. Elle n'a plus rien dit jusqu'à l'heure de sa mort. »

Avec l'inondation de la saison d'akhet, le bruit courut que les pillards venus de Libye avaient quitté leur désert et faisaient de sanglantes incursions jusque dans les oasis de Sioua, de Baharia, de Farafra et de Dakhla.

D'après le rapport du commandant de la garde royale, les attaques avaient commencé peu de temps avant que l'armée de Sa Majesté ne revienne du pays de Koush. Les habitants des oasis, dont Khay avait recueilli les témoignages, affirmaient que les pillards étaient peu nombreux mais extrêmement mobiles, et qu'ils frappaient de préférence au lever du jour ou à la tombée de la nuit. Certains avaient déclaré qu'ils obéissaient à une terrifiante créature du désert. Lorsque le chef de la garde royale leur demanda de décrire cette créature, ils répondirent que les mots manquaient pour la dépeindre :

« Elle est grande... Comme un homme de grande taille... Mais elle marche comme une statue ! »

Bien entendu, aucun d'entre eux n'avait jamais vu de leur vie une statue se mettre à marcher !

Pour le reste du corps, on l'aurait cru recouvert d'écailles, comme un poisson ; mais ses écailles étaient plus sombres que le cuir de l'hippopotame, et ni les flèches ni les lances ne semblaient pouvoir les transpercer ! Ils affirmaient aussi qu'à l'extrémité de ses bras immenses pendait une arme redoutable, à nulle autre pareille : il s'agissait d'un long fouet de cuir terminé par une boule en métal hérissée de piquants, qui déchirent et lacèrent les peaux au premier effleurement.

Nitocris ne put s'empêcher de sourire à l'évocation de cette créature semblant sortie de l'imagination enflammée de paysans crédules :

« Tout cela me paraît très... singulier.

– Sa Majesté doit savoir que mes témoignages sont dignes de confiance, et que je ne me permettrais jamais de manquer de respect à Sa Majesté en lui racontant des contes de bonne femme destinés à effrayer les enfants.

– Calme-toi, Khay. Ni ta loyauté ni le respect que tu me portes ne sont en cause. Cependant, tu sais comme moi que l'homme a tendance à exagérer les périls qu'il rencontre afin de grandir ses mérites à les affronter.

– Oui, Majesté.

– À quoi le visage de cette créature ressemble-t-il ?

– Personne ne le sait.

– Elle n'en a donc pas ?

– Elle en a certainement un, Majesté, mais elle le dissimule sous une accumulation étrange de peaux de bêtes cousues, de cuir et de cornes qui s'enchevêtrent de manière effrayante autour de sa tête.

– Et ses yeux ?

– Nul ne les a jamais vus. Il semblerait toutefois qu'une lueur rouge perce parfois l'obscurité de sa carapace. Mais nous n'en sommes pas certains car d'autres la disent verte, ou bleue... Ceux qui en parlent n'en sont pas sûrs car ils ne l'ont vue que de loin.

– De quelle forme sont ses oreilles ?

– À l'endroit où elles doivent être pointent trois cornes entrelacées.

– Ne m'as-tu pas dit qu'elle avait la démarche d'une statue ?

– Oui, Majesté.

– Et que les attaques étaient si rapides qu'elle semblait frapper de tous les côtés à la fois ?

– Oui, Majesté.

– Explique-moi alors comment la statue fait pour se déplacer.

– C'est que, Majesté, la créature ne marche pas.

– Elle vole ?

– Non, Majesté, elle se tient fermement assise sur un immense âne sauvage.

– Un onagre ?

– Oui, Majesté.

– De tout ce que tu m'as raconté jusqu'à présent, voilà bien le plus étrange... Je ne savais pas que l'on pouvait apprivoiser un onagre.

– Ils peuvent être aussi redoutables qu'un lion en colère !

– J'ai tenté une fois d'en approcher un, mais il roulait des yeux si furieux en se dressant sur ses pattes arrière que j'ai cru qu'il allait me piétiner... Comment peut-on imaginer s'asseoir sur un animal aussi fantasque et partir au combat sur son dos ?

– Je l'ignore, Majesté. Je sais seulement qu'il produit des bruits terrifiants avec ses naseaux, et que de sa gueule coule une écume si blanche qu'on le croirait enragé !

– Tout cela me paraît bien singulier et me donne très envie de poursuivre ces étranges brigands... Préviens Baba que nous partirons bientôt. Je veux trois groupes. L'un vers Sioua, l'autre vers Baharia et le troisième vers Farafra. Tu prendras le commandement de celui-là. Choisissez des hommes qui connaissent le désert ; qu'ils soient peu nombreux, car je les veux aussi mobiles et rapides que ceux que nous pourchasserons. Va, à présent ! »

Nitocris s'approcha de la fenêtre qui regardait vers l'ouest. Derrière les montagnes caillouteuses se dressaient d'autres montagnes. Derrière elles s'étendait le désert de Libye, et bien au-delà des frontières, dans l'horizon brumeux, commençait le royaume des morts.

Nakht, le directeur des travaux de la reine, n'était pas seulement doté de longs muscles agréables aux yeux des femmes, il était aussi plein d'imagination.

Afin de trouver remède aux engorgements d'ordures qui

infestaient les rues de Memphis, il proposa d'installer plusieurs citernes aux quatre points culminants de la ville. Une fois par jour, les citernes déverseraient leur contenu ; le torrent d'eau s'écoulerait au centre des ruelles, et le courant entraînerait les ordures vers le Nil, en aval de la ville, par un système de canaux faciles à creuser dans la terre.

« Comment feras-tu monter l'eau jusque dans tes citernes ? demanda Nitocris.

– J'ai envisagé une barre posée en équilibre sur un muret, qui apporterait l'eau du Nil jusqu'au sommet, étage par étage, à l'image du plateau d'une balance s'abaissant, se soulevant... Hélas, ma machine n'est pas encore au point, et pour l'instant je pense recourir à l'homme, qui est encore le plus sûr des instruments...

– Nous attendrons donc que ton appareil fonctionne parfaitement... »

Nitocris se pencha sur des ébauches de bassins d'agrément, de canaux transversaux qui longeaient les digues de retenues et se prolongeaient bien plus loin que les terres hors d'atteinte de la crue.

« J'ai parlé aux prêtres et aux paysans, dit Nakht, tous disent la même chose. Pour la troisième année consécutive, la crue est basse... Tu te souviens du grand bassin taillé dans la roche ?

– Celui où Khenou avait failli se noyer ?

– Oui, celui-là... Eh bien, à la fin de l'été, à la saison de shemou, il était tellement vide que seuls les têtards y survivaient.

– Il se remplit avec la crue, non ?

– Oui, bien sûr, mais en partie seulement à cause de la faiblesse de la crue. L'eau y stagne et croupit depuis trop longtemps, il est devenu inutilisable. C'est de l'eau morte. »

Nitocris plissa son joli front, puis esquissa un curieux sourire. Elle avait vingt-cinq ans, et Nakht la trouvait aussi fraîche et jeune que lorsqu'ils partageaient l'enseignement d'Ouznasît-à-la langue-fleurie.

« J'aimerais que tu me fasses construire deux ou trois bassins d'agrément, et dans la roche, sous le palais, j'aimerais...

– Quoi ?

– Je voudrais que l'on y creuse une immense citerne ; je la voudrais aussi grande qu'un lac afin de m'y baigner durant les insupportables chaleurs de l'été... »

XXIV

Nitocris était rentrée de Nubie depuis plusieurs jours, et Satipi était désespérée. Malgré ses tentatives, la reine ne l'avait pas encore convoquée !

La cuisinière brûlait pourtant de lui apprendre que la méchante Ipout avait renoué des liens avec sa famille éloignée du pays de Ouaouat. Que cette dernière avait envoyé des messagers vers l'est et l'ouest du pays, et dans d'autres directions encore. Que durant l'absence de Nitocris, Ipout et son fils voulaient tout régenter.

Si cela n'intéressait pas la reine, tant pis ! Elle garderait ça pour elle ! Mais ce qui la chagrinait par-dessus tout, c'est que Pharaon ne lui avait fait aucun cadeau.

« Ma petite Satipi, lui avait-elle demandé d'un ton suave avant son départ, qu'aimerais-tu que je te rapporte du pays de Ouaouat ?

– Eh bien..., avait répondu Satipi avec la réserve qu'il se doit, si Sa Majesté y pense, j'aimerais que Sa Majesté me ramène un singe. Un petit singe qui m'accompagnerait partout... »

La reine d'Égypte ne lui avait rien rapporté de Nubie ! Mais faire venir un lionceau pour sa fille chérie, ça, elle n'avait pas oublié ! Satipi plissa les lèvres et, de dépit, se mordit l'intérieur de la joue.

« La reine, pensa-t-elle, ne devrait pas oublier que je sais certaines choses... Des choses que certains aimeraient bien apprendre... »

Certes elle ne regrettait pas toutes ces journées et ces soirées à tendre l'oreille, à poser d'innocentes questions aux uns et aux autres, à en tirer des enseignements auxquels personne d'autre qu'elle n'aurait pu parvenir... Tout cela pour l'amour de la reine...

Oh, elle se rendait bien compte qu'elle n'était pas la seule dans son cœur. Il y avait la muette, qui protégeait la reine. Et surtout l'époux de la suivante... Qui sait ce qu'il avait fait pour obtenir une fonction aussi élevée en si peu de temps, lui dont on voyait encore la bouse de vache entre les orteils... Et ces deux-là se pavanaient en litière ! Mais dans le fond, elle voulait simplement que la reine reconnaisse tous les sacrifices qu'elle avait consentis pour elle. Qu'elle la convoque dans ses appartements royaux et lui dise :

« Ma chère Satipi, que ferais-je sans toi ? Toi, mes yeux et mes oreilles ? Tiens, vois ce que je t'ai rapporté de Nubie... Il est beau, non ? Il te plaît cet adorable singe ? »

Voilà ce qu'elle attendait de la reine ! Ce n'était quand même pas trop lui demander !

XXV

Senen couvait Satou d'un regard langoureux. Elle se voulait douce et docile pour le retour de son homme. Elle lui apporta une cruche de bière fraîche, le conduisit dans la salle d'eau où elle le frotta doucement de la tête aux pieds. Mais à peine le géant fut-il allongé sur sa natte que la nourrice royale se transforma en chat sauvage, lui lacéra la peau de ses ongles pointus, lui dévora goulûment les lèvres, les oreilles et le cou, et tous les endroits sur lesquels sa bouche se posait. Satou eut beau protester qu'elle l'étouffait, elle continua ses caresses tout en lui murmurant des mots tendres à l'oreille. Le colosse était son taureau puissant, son lion rugissant...

Satou s'exaspérait.

« Laisse-moi, lui dit-il, tu n'es qu'un bourdonnement de mouche à mes oreilles ! »

Aussitôt, Senen se mit à pleurer et à geindre.

Le géant, qui ne craignait ni les Koushites ni les brigands soshous et amourous, eut peur de ces sanglots et de ces cris qu'il ne pouvait contrôler. Il la prit dans ses bras car il ne pouvait se résoudre à la battre comme elle l'en priait à travers ses larmes.

Il se divertit avec elle jusqu'à ce que ses genoux soient aussi faibles que ceux d'un veau qui vient de naître. Puis il la supplia de le laisser dormir toute une journée, faute de quoi sa colère serait plus formidable que celle du taureau sauvage.

Le lendemain, Satou revint prendre sa place à l'ombre du sycomore. Le lionceau jouait au milieu des enfants sans jamais les mordre ni les griffer. Nofret s'accrochait à sa queue, tirait son collier de poils, suçait l'extrémité de ses oreilles. Avec beaucoup d'efforts, elle parvint à prononcer le mot « lion ». Le nom lui resta, on l'appela désormais Lion, tout simplement.

Satou fut pris d'une bouffée d'amour en voyant ces enfants jouer paisiblement à l'ombre des arbres. De ses grandes mains puissantes, il les attira à lui comme s'il voulait les lier dans son affection par sa force considérable.

Un rire léger lui parvint du fond du jardin. Satou tourna la tête. La silhouette de la reine se détacha de l'arbre derrière lequel elle s'était dissimulée. Elle sourit avec tendresse au géant qui se relevait pour l'accueillir.

Nitocris déposa un cadeau rapporté de Nubie devant chaque enfant, s'accroupit devant Nofret et la souleva de terre en la serrant dans ses bras. La petite fille observa sa mère avec curiosité. Puis elle s'en écarta en la repoussant de ses bras tendus.

« Tu vois, Satou, elle ne m'aime pas. Elle ne me reconnaît même pas.

– N'en crois rien. Elle sait que tu es sa mère, mais aussi que tu lui as manqué. Parle-lui. Fais-toi aimer ! »

Nitocris s'éloigna avec Nofret, et lorsqu'elle revint vers Satou, la petite fille gazouillait dans ses bras. La reine confia les enfants à Senen qui arrivait en courant, puis elle entraîna Satou vers le fond du jardin.

« Lorsque je vous ai vus, commença Nitocris, si confiants et paisibles, je n'ai pu m'empêcher de songer à ce temps où Mérenrê et moi avions installé notre demeure dans le sycomore du palais. Nous étions si heureux alors, si insouciants... »

Nitocris regarda le ciel et murmura :

« Si libres... Aujourd'hui, je voudrais que ces enfants connaissent ce même bonheur, cette même félicité jusqu'à l'éternité...

– Toi qui es fille de Rê, toi qui es capable d'écarter les flèches et les lances de tes ennemis, je suis certain que tu peux t'arranger avec les dieux !

– Je ferai mieux car j'y ai déjà réfléchi. Connais-tu l'oasis du Fayoum ?

– Je ne connais pas d'endroit plus doux et plus paisible que celui-là !

– Eh bien, j'ai l'intention d'y faire édifier une demeure inviolable.

– Aucune demeure, aucun palais ou forteresse n'est imprenable pour peu que l'on s'en donne les moyens.

– Celle-ci le sera car je l'entourerai d'un enchevêtrement inextricable de portes donnant sur des pièces sans issues. Elles seront si nombreuses qu'elles décourageront les plus braves. Et si par malheur l'un d'entre eux parvient à sortir de ce labyrinthe, il se retrouvera dans un dédale de végétation d'arbustes épineux dont il ne pourra sortir. Car le chemin qu'il poursuivra tantôt se refermera sur lui-même, tantôt le conduira par mille et un détours à l'endroit même qu'il avait précédemment quitté. Ainsi, de tentatives en tentatives, il s'épuisera sans jamais pouvoir atteindre cette demeure d'éternité où régneront le calme, l'harmonie et la paix. »

Nitocris prit place sur un banc de pierre. Au loin, les cris d'enfants se succédaient comme des chants d'oiseaux. Ils s'envolaient vers le ciel limpide et ricochaient sur les plus hautes branches des arbres.

« Que penses-tu de mon idée, Satou ?

– S'il est un endroit sur la terre d'Égypte où règnent le calme, l'harmonie et la paix, qu'il soit préservé à jamais ! »

En prononçant ces mots, Satou eut l'impression de trahir Nitocris. Ce lieu, que la reine imaginait harmonieux, ressemblait un peu trop à une prison.

XXVI

L'oasis de Sioua se trouvait à une soixantaine d'itérous au nord-ouest de la capitale.

« Combien tes soldats peuvent-ils parcourir d'itérous par jour ? demanda Nitocris.

– Deux. À condition qu'ils ne soient pas lourdement chargés, répondit Baba.

– Nous y veillerons. Trouverons-nous suffisamment de points d'eau sur la route ? Il en existe bien pour les pillards, n'est-ce pas ? Sinon, comment feraient-ils ? »

La situation était plus préoccupante que la reine ne l'imaginait. Les garnisons de Baharia et de Sioua étaient tombées. Maîtres du désert, les Tjéhénous libyens touchaient le Delta. Ils pouvaient fondre en quelques jours sur n'importe quel lieu de la vallée qu'il leur plairait de choisir.

La terrifiante créature du désert semblait être partout à la fois. On l'avait aperçue au même moment à Dakhla, à Sioua et à Baharia. On racontait aussi qu'elle s'était approchée du Fayoum. Autant dire aux portes de Memphis !

« J'envoie Khay à Farafra et à Baharia afin de leur couper la route vers le sud. Une deuxième colonne légère traversera le désert vers Sioua, commandée par la division de Ptah de Kagemmi, tandis que Satou, Baba et moi remonterons la branche occidentale du Delta jusqu'au lac Maréotis. De là, nous mettrons le cap sur la Libye, puis, à travers le désert, nous fondrons par le nord sur l'oasis de Sioua. »

Le commandant de la flotte royale avait mis à disposition de la reine un navire de haute mer tout juste sorti des chantiers navals de Memphis. Un bateau comme il n'en existait nulle part ailleurs, doté de mille améliorations ingénieuses qui lui conféraient puissance et rapidité.

Par exemple, il ne possédait aucun de ces avirons sur lesquels s'arc-boutaient les timoniers pendant les interminables et hasardeuses manœuvres de virement. À leur place, on avait installé une unique pièce de bois. Cette dernière plongeait profondément dans l'eau, et le pilote la maniait facilement au moyen d'un manche en bois. Selon qu'il la poussait ou la tirait à lui, le bateau virait avec une rapidité et une efficacité jamais égalées à ce jour.

Le commandant avait ajouté :

« Sa Majesté pourra constater que le mât est désormais construit d'une seule pièce. Il est plus court et plus solide. La voile elle-même a été raccourcie, mais élargie. La vergue supérieure n'est plus fixée à la tête du mât, mais elle y est reliée au moyen de bagues mobiles, de façon à ce qu'on puisse la hisser ou l'amener à volonté... »

Bien qu'elle ne comprît pas tout à fait la nature de ces bouleversements marins, Nitocris approuvait chacune des explications du commandant de la flotte royale.

En s'approchant du navire, elle constata seulement qu'il sentait bon le bois de cèdre et la poix chaude. La sculpture de la proue lui rappela les traits familiers du lionceau qu'elle n'avait pas eu le cœur de séparer des enfants. Elle faisait face à la poupe et se dressait fièrement au soleil, crinière ondulante ; elle semblait prête à s'envoler sous un vent méchant.

« Je suppose, dit-elle, qu'un pareil navire a été confié à un capitaine hors du commun.

– Oui, Majesté, d'autant plus que cet homme a grandement contribué à toutes les améliorations que tu as pu voir. Seulement...

– Quoi ?

– Il se trouve, Majesté que cet homme n'est pas égyptien.

– Eh bien ?

– Cet homme est un Keftiou... »

Avant que la reine ait pu ajouter un mot, le commandant se hâta d'achever :

« Mais un Keftiou honnête, ami des Égyptiens, marchand d'ambre et d'étain qui, depuis de longues années, navigue entre Byblos et Memphis...

– Que m'importe que cet homme soit un Keftiou du Mitanni, du Réténou [1] ou du Naharina... Fait-il bien son travail ?

– À merveille, Majesté, il n'existe pas de marin aussi sage et compétent que cet homme-là. Il s'appelle Kafti.

– Eh bien, qu'il soit donc présenté à la reine d'Égypte ! »

Le commandant de la flotte royale frappa deux fois dans ses mains. De l'extrémité du pont apparut un homme drapé dans la robe longue syrienne, au visage grave et à la tête ornée de boucles brunes piquetées de fils d'argent.

Nitocris le reconnut sur-le-champ. Elle le regarda venir tranquillement à elle, et arrêta d'un geste sa douloureuse tentative de prosternation.

« Que Sa Majesté me pardonne, dit doucement l'homme au visage raviné par le soleil et la mer, mais l'humidité a rongé mes vieilles jambes... Elles ne peuvent plus se plier et ne me permettent pas de te rendre les honneurs que je dois à ton immense splendeur.

– Tu te souviens de moi ?

– Oui, Majesté, et de ton frère également... Vous étiez deux enfants remplis de curiosité, et si beaux, si charmants... Vous étiez montés à mon bord et je vous avais raconté l'histoire terrifiante du lac de Sirbon qui engloutissait des armées entières...

1. Le Réténou était l'un des territoires situés à l'est du delta du Nil, au-delà du fleuve libanais du Litani. Les pasteurs du Réténou descendaient parfois jusqu'aux grasses prairies du Delta pour y faire paître leurs troupeaux.

– Les mots que tu as prononcés en nous quittant sont longtemps restés gravés dans ma mémoire...

– Quels étaient-ils, Majesté ?

– Tu as dit : “Dépêchez-vous de vous aimer, car le temps presse !”

– J'aurais tant souhaité me tromper...

– Je sais, mais ni les dieux ni les hommes ne l'ont voulu... À présent, montre-moi ma cabine ! »

La cabine de la reine avait, elle aussi, subi quelques transformations. Elle était plus vaste et ses parois avaient été ornées de nattes multicolores ; plusieurs fenêtres et un toit de palme tressée lui conféraient davantage de fraîcheur et une meilleure aération.

Beket y avait déjà installé les coffres à linge, à coiffure et à bijoux. Dans un coin de la pièce, le jeune prêtre Nebouaÿ, nouvellement promu au poste de premier prophète d'Osiris, avait aménagé un temple miniature permettant à la reine d'assurer chaque jour le culte divin. Le naos avait été orienté vers l'ouest, mais pouvait aisément pivoter de manière à toujours faire face au soleil levant. Ainsi, chaque matin, l'image du dieu émergerait de la nuit au moment précis où le soleil surgirait à l'horizon.

Après six jours de navigation, les cinq navires de haute mer et leur escorte de vaisseaux de guerre passèrent à hauteur du village de pêcheurs dans lequel avait vécu Ameni. Trois jours plus tard, l'armée fit une brève escale dans la ville de Bouto, au nord du Delta. On y remplit les cales du navire d'eau douce, de bière, de viandes et de poissons séchés, de fruits et de légumes frais.

Le lendemain, l'eau du Nil se fit plus salée dans la bouche et une petite brise apporta dans la cabine de Nitocris l'odeur enivrante de la mer. À mesure que l'on s'en rapprochait, les eaux vertes du Nil se troublaient, se chargeaient de sable et de limon mélangés, s'agitaient en vaguelettes de plus en plus indisciplinées. Puis la mer apparut enfin.

Un long trait d'un bleu très sombre barrait l'horizon. Nitocris se posta sur le seuil de sa cabine. Un homme aux bras puissants tenait le gouvernail. À sa droite, l'œil attentif, Kafti surveillait chacun de ses mouvements. De courtes vagues hachaient le fleuve en tous sens. À peine la reine eut-elle posé le pied sur le pont que celui-ci se mit à tanguer et à rouler violemment.

Baba et Satou se précipitèrent vers elle. Leur tentative fut stoppée net car, à leur tour, ils se mirent à balancer les bras, à vaciller sur leurs jambes comme deux hommes ivres.

Nitocris ne put s'empêcher de rire. Elle repoussa d'un geste tous ceux qui s'apprêtaient à se porter à son secours. Prenant exemple sur la manière dont les marins se déplaçaient en absorbant le mouvement des vagues, elle avança en accompagnant les oscillations du navire sans jamais s'y opposer ; pareille à un nourrisson qui fait ses premiers pas, elle réussit enfin à rejoindre le vieux Kafti, qui avait suivi sa progression en souriant.

« Mon frère rêvait de voir la mer, mais il n'en a pas eu le temps... »

Le Keftiou pointa son doigt vers le ciel :

« Qu'en sais-tu ? On voit tout de là-haut... »

Le marin lui tendit un cordage :

« Attache-le autour de ta taille car nous allons bientôt franchir la barre qui sépare les eaux douces des eaux amères ! »

Le capitaine adressa un signe au chef des rameurs, qui se mirent à tirer en cadence sur les avirons. Le bateau avait utilisé jusqu'au bout la puissance du courant, et chaque battement de rames le propulsait avec toujours plus de vitesse vers le mur d'écume blanche qui grossissait de plus en plus.

Nitocris craignit un instant qu'ils ne s'y fracassent.

Inquiète, elle se tourna vers Kafti, mais celui-ci restait parfaitement serein.

« Regarde bien », lui dit-il.

Une énorme vague blanche s'était élevée devant eux en grondant. Elle était plus haute que le pont et sous sa force, la proue du navire se souleva en bondissant.

« La mère de toutes les vagues nous souhaite la bienvenue », annonça Kafti en riant.

Alors, la coque du navire retomba avec douceur sur la crête des vagues et l'écume se répandit en petite pluie sur le pont.

Ils étaient passés de l'autre côté du fleuve. L'horizon s'était soudain dégagé ; translucide et serein, il s'arrondissait devant eux. Nitocris ne le quittait pas des yeux.

« Dis-moi, Kafti, as-tu déjà traversé la mer jusqu'aux piliers de l'orient ?

– Non, Majesté, je ne suis allé que dans quelques îles où vivent les peuples de la mer, au large du pays de Khatti... »

Nitocris hocha la tête, demanda qu'on lui installe son fauteuil près du timonier, puis ordonna qu'on lui servît à boire et à manger. Elle fit asseoir Kafti sur une chaise pliante à ses côtés et le pressa de questions.

« Quel est le nom de ces gros poissons qui sautent devant le bateau ? Où vont-ils ? Comment sais-tu que tu navigues dans la bonne direction ? Et la nuit ? Doit-on s'arrêter de naviguer la nuit, sous peine de perdre sa route ? Peux-tu avancer lorsque le vent te fait face ? Es-tu sûr de retrouver le rivage après avoir perdu la côte de vue ? »

Cette nuit-là, Nitocris dormit plus profondément qu'elle ne l'avait jamais fait depuis la mort de Mérenrê, comme bercée dans les bras d'une gigantesque et rassurante nourrice. À travers l'étoffe tendue sur la fenêtre, un vent doux soufflait de la terre, charriant avec lui des odeurs de buissons et de sable chaud.

Au troisième jour, les bateaux se rapprochèrent de la côte. Ils accostèrent au fond d'une anse bordée de chaque côté par d'immenses rochers qui la protégeaient des vents d'est et d'ouest. Elle était suffisamment large pour y construire un port. Tout doucement, les navires de guerre vinrent échouer leur coque ronde sur la plage, où quelques pêcheurs prudents les accueillirent. On mit en place les échelles et l'on installa la passerelle pour la reine. L'eau de la mer était si claire et douce sur sa peau que Nitocris voulut absolument s'y baigner.

Elle fit installer un bassin à l'extrémité de la plage et les soldats établirent une longue palissade de draps blancs autour d'elle. Sous peine de sanction terrible, les hommes gardèrent le dos tourné et, malgré l'inconfort de leur situation, il leur fut interdit de bouger.

Nitocris et Beket abandonnèrent leurs robes sur le sable. L'eau glissait autour de leurs jambes, de leur ventre ; elle était si transparente qu'elles apercevaient chaque grain du sable dans lequel leurs pieds s'enfonçaient. La mer les portait avec plus de douceur que l'eau du Nil. Elles se mirent à rire car jamais de leur vie elles ne s'étaient baignées nues dans la mer au milieu d'une armée de soldats.

Très haut dans le ciel, un faucon tournoyait en silence.

Plus bas, dans l'anfractuosité d'un rocher, des yeux rouges brillaient dans l'ombre.

Ils avaient estimé qu'une dizaine de jours leur seraient nécessaires pour atteindre l'oasis de Sioua. Après qu'il fut convenu que Kafti reviendrait les chercher d'ici la prochaine lune, Nitocris donna le signal du départ.

Le sable s'éboulait sous ses sandales, les chardons piquaient ses orteils, mais Nitocris n'y prit pas garde. Elle voulait grimper jusqu'au sommet des dunes et voir une dernière fois la mer avant que le désert ne les engloutisse.

Baba et Satou reprirent leur place auprès d'elle. Les pierres coupantes du chemin lui ayant blessé les pieds, la reine fit avancer sa litière. Le vent marin criait encore dans ses oreilles et quelques grains de sable crissaient entre ses dents. Déjà, elle regrettait de ne plus entendre le bruit du ressac. Elle montra à Beket les traces du sel qui s'était déposé sur le dos de sa main. Beket les lécha et la reine en fit autant. Elles trouvèrent que leur corps sentait bon. Elles étaient presque heureuses.

Les dunes s'éloignaient derrière elles, cédant peu à peu la place au désert rocailleux qu'elles connaissaient bien. Partout aux alentours, les pentes étaient sillonnées de traces de caravanes ; elles signalaient la présence de bergers et de leurs troupeaux ; de pillards aussi... Chacun de ces sentiers blanchissait les collines. Certaines d'entre elles s'enfonçaient vers le sud, d'autres s'en allaient vers l'orient ou l'occident.

Nitocris secoua la tête. Il lui sembla qu'elle avait abandonné une infime parcelle du souvenir de Mérenrê au cœur de cette eau où elle s'était baignée et qu'ils n'avaient jamais connue ensemble.

Vers la fin de la journée, ils parvinrent dans une plaine étroite. Les montagnes venaient y mourir en pente douce, dans une succession de plateaux caillouteux.

L'avant-garde de l'armée prit position autour d'un maigre bouquet de palmiers où plusieurs familles de nomades avaient trouvé le repos. On les chassa.

Un peu plus tard, on leur fit apporter de la nourriture. Ils offrirent en retour, dans une langue incompréhensible, un peu de lait caillé pour la princesse blonde qui était si belle. Un des guides, qui comprenait leur dialecte, leur demanda s'ils étaient d'Égypte ou de Libye. Ils répondirent que leur pays était partout où ils trouvaient de l'eau et de l'herbe pour leurs bêtes.

On voulut savoir pourquoi ils ne descendaient pas dans la vallée où l'eau et les herbages ne faisaient jamais défaut. Ils marmonnèrent qu'ils se sentaient mieux dans le désert car il était immense comme la mer. Peut-être, un jour, iraient-ils dans la vallée, à cause de la pluie qui ne tombait plus comme avant... Oui, peut-être qu'un jour ils laboureraient la terre comme les paysans... Mais ils y croyaient si peu qu'ils se mirent à rire comme s'il s'agissait d'une histoire drôle.

À mesure que l'armée s'enfonçait dans le désert, la chaleur se faisait plus forte le jour, et le froid plus intense la nuit. Même si les points d'eau rencontrés étaient loin d'être taris, Baba ordonna que chaque homme, chaque jour, remplisse son outre, que toutes les bêtes fussent chargées de la plus grande quantité d'eau qu'elles étaient capables de porter.

Il ne leur restait plus que cinq jours de marche jusqu'à l'oasis de Sioua quand ils atteignirent le point d'eau suivant. Bien que la saison des pluies fût commencée depuis près d'un mois, le ouadi était asséché. Seuls quelques palmiers et tamaris témoignaient de la proximité de l'eau sous la terre. Chose étrange, on n'apercevait aucune trace de Bédouins, de chiens errants ou de bêtes sauvages.

Arrivé le premier sur les lieux, Baba fut immédiatement frappé par une odeur nauséabonde. Elle s'échappait du puits au fond duquel flottait le cadavre d'un animal. Soit celui-ci était tombé accidentellement, soit on l'y avait volontairement jeté. Baba décida d'établir le camp au-delà de la prochaine colline et ordonna de limiter à deux gobelets par soldat les rations d'eau.

La nuit paraissait plus noire dans les collines, et le froid était si intense qu'il vous broyait les os. Nitocris s'était rapprochée de Beket qui dormait à ses côtés :

« Tu as froid ? »

La jeune femme laissa monter du fond de sa gorge un « oui » douloureux.

« Viens contre moi. »

Pendant longtemps, Nitocris entendit le claquement des

dents de Beket contre son oreille. Puis le bruit se tut ; elle sentit le corps de la jeune femme se détendre et, se réchauffant l'une contre l'autre, elles s'endormirent.

Au petit matin, on s'aperçut que la sentinelle gardant le flanc nord de la troupe avait été proprement égorgée. Un peu plus loin, à l'endroit où l'on avait accumulé une partie des réserves d'eau, une longue traînée brune tachait le sol rocailleux. Comme d'une blessure profonde, l'eau continuait de s'échapper à petits jets des outres éventrées.

« Que fait-on à présent ? »

Nitocris rassembla autour d'elle les principaux chefs de l'armée. L'audace des brigands libyens, à supposer qu'il s'agissait bien d'eux, avait fortement impressionné la reine.

« Comment ont-ils pu nous suivre sans alerter notre vigilance ?

– Ils sont peu nombreux et connaissent parfaitement le désert...

– Pourquoi ne nous ont-ils pas égorgés ?

– Ils préfèrent sans doute nous voir mourir de soif sous le soleil. »

Nitocris émit un petit rire inquiet. Mourir ne lui avait jamais fait peur. Mais la lente et douloureuse agonie de la soif la terrifiait.

« Que décidons-nous ?

– Une patrouille est partie prendre position autour du prochain puits.

– Que se passera-t-il s'ils n'arrivent pas à temps ?

– Nous diminuerons encore notre ration d'eau. Puis nous boirons le sang des ânes... »

Nitocris se détourna avec une grimace de dégoût.

« En attendant, ajouta Baba, nous marcherons à la fraîcheur de la nuit, et le jour nous dormirons à l'ombre des rochers. »

Au matin du quatrième jour, les hommes de la patrouille

étaient revenus. Ils étaient arrivés trop tard. Comme le précédent, ce puits avait été empoisonné.

Le découragement s'empara de la reine, mais l'optimisme de Baba et de Satou sut la convaincre que rien n'était perdu. Trente de ses meilleurs guerriers étaient partis chercher des provisions d'eau à Sioua. D'ici deux jours, ils seraient de retour. Deux jours... C'était à peu près le temps qu'il leur fallait pour épuiser leurs dernières jarres.

Baba décida de se remettre en marche sans perdre un instant. En se hâtant, ils profiteraient de la fraîcheur des premières heures du matin et pourraient encore gagner du terrain.

Ils s'arrêtèrent de marcher à l'heure où Rê, étendant toute la puissance de ses rayons sur le corps des hommes, leur disait sa force et leur faiblesse. On creusa des trous dans le sol rocailleux, on s'abrita sous des peaux de chèvres tendues sur les piques des lances, puis, à l'exception des sentinelles dont on avait renforcé le nombre, l'armée s'endormit.

Le dieu Thot avait de nouveau fait croître l'œil noir de la lune.

L'armée se remit en marche sous la lueur des étoiles et d'un croissant blême, guère plus large qu'une rognure d'ongle. On distribua les dernières rations d'eau avant le départ. On garda une outre pour la reine ; le corps d'élite de la garde royale veillait sur elle.

Après avoir rassuré de sa présence les vétérans de l'arrière-garde, Satou se rapprocha de Baba.

« Ils sont derrière nous... » chuchota-t-il.

– À quelle distance ?

– Trop près pour pouvoir les semer, trop loin pour nous retourner contre eux en les prenant par surprise.

– Nombreux ?

– Je ne pense pas.

– Comment font-ils ?

– Je ne sais pas.

– Leur stratégie semble stupide, car en empoisonnant les puits ils se privent d'eau, eux aussi... À moins qu'ils n'aient... »

Satou regarda Baba et hocha la tête en signe d'assentiment ; le commandant le regarda d'un air incrédule :

« Comment fais-tu pour savoir à quoi je pense ? Es-tu sorcier ? !

– Non, mais je te connais depuis si longtemps...

– Eh bien, termine donc cette phrase à ma place !

– À moins qu'ils n'aient caché des jarres remplies d'eau tout au long de leur route.

– Exactement !

– Nous voilà bien avancés... Et le désert est si grand ! »

Baba sourit à son ami.

« Peut-être n'est-il pas si grand pour celui qui sait trouver ce qu'il cherche. Je dirais que... »

Baba se tourna vers Satou.

« Tu ne finis pas ma phrase ?

– Non...

– J'espérais seulement que les dieux t'auraient donné plus d'inspiration qu'à moi-même. Réfléchissons ensemble. Où cacherais-tu tes provisions d'eau ?

– Si j'étais très paresseux...

– Ou très pressé...

– Je les installerais près de mon campement de manière à ne pas avoir à les transporter. Pas trop près cependant, afin qu'elles ne soient pas découvertes par un abruti qui viendrait faire ses besoins à l'abri d'un rocher éloigné.

– Donc, tu les dissimulerais à quelques centaines de coudées du camp.

– Oui...

– Avant ou après le campement ?

– Comme je suis très paresseux ou très pressé, je les cacherais avant le camp pour ne pas avoir à revenir sur mes pas.

– Bien… Où se trouve notre prochain campement ?
– D'après le guide, nous l'atteindrons certainement au petit matin. »

Ils dévalèrent des collines sous la lumière froide de la lune, escaladèrent des pentes caillouteuses.

Nitocris refusa de boire plus que la part d'un soldat. Ses lèvres commençaient à se fendiller sous la sécheresse et le froid. Elle s'enveloppa dans deux couvertures de laine et, serrée contre Beket, elle marcha derrière sa litière pour se réchauffer. Lorsque la pente devenait trop raide, le géant Satou, qui se tenait toujours derrière elle, se précipitait devant ses pas afin de placer son corps en rempart contre le vide.

À l'aube, le paysage commença à se transformer. Au loin s'étendait une plaine parsemée de terribles pics rocheux. Entre l'immense plaine et les collines, une mer de dunes ondulait, tantôt rondes, tantôt hérissées d'aiguilles et d'arêtes effilées. Le guide pointa du doigt l'endroit où ils avaient prévu de faire halte. Quelques lauriers-roses rabougris, un tamaris et deux palmiers doum entouraient les restes d'une maison délabrée en pisé. Un peu plus bas, on distinguait la margelle du puits dont ils pressentaient déjà qu'il était empoisonné.

Baba scruta les alentours. À deux cents coudées vers l'est se dressait un monticule de pierres effondré. À sa base, le sable ondulait légèrement. Il désigna l'endroit à Satou :

« Qu'en penses-tu ?
– Si l'eau des Tjéhénous est quelque part, cela ne peut être que là… »

Le vent avait amassé le sable sur le côté nord du monticule, dénudant le sol sur sa face sud. Le commandant rangea ses hommes en un cercle parfait autour de l'amas de pierres, et chacun creusa devant soi sur une hauteur d'une demi-coudée. Ils sondèrent et fouillèrent le sable de leurs armes, jusqu'à ce que Baba pousse un cri de triomphe en pointant son doigt vers le sol.

« Là ! »

Une série de renflements, semblables à des corps allongés, arrondissaient le sable par endroits. Ils n'attendirent pas longtemps avant de dégager les quelques cruches couchées sur le sol, et en découvrirent d'autres encore par dizaines. La première cruche dont se saisit Baba était vide. La deuxième cassée. Le cachet de la troisième brisé. Les suivantes étaient d'une légèreté désespérante.

Avec calme et méthode, ils continuèrent cependant à déblayer le terrain autour d'eux, découvrant une nécropole de cruches méthodiquement mises hors d'usage. Quelques-unes paraissaient intactes.

Baba secoua la première. Elle contenait apparemment un liquide, bien que le bruit qu'elle fît ne ressemblât pas à celui de l'eau... En deux coups, Baba fit sauter le bouchon de cire. Une masse noire, épaisse et visqueuse se fraya un chemin vers la lumière. Des grappes de serpents se répandirent sur le sable. Les reptiles noirs s'y enterrèrent, se dressèrent en sifflant face aux soldats pétrifiés.

Baba fut le premier à reprendre ses esprits. Il trancha la tête du premier serpent qui se tenait devant lui, embrocha le deuxième au corps tandis qu'à leur tour, les soldats s'acharnaient sur ceux que la cruche continuait à vomir.

Le désespoir s'empara de Baba. La tête basse, il reprit le chemin du campement. Et tout en frappant le sol du talon, il ne cessait de répéter :

« Pourtant, j'avais raison ! Les cruches étaient bien là... »

Satou était doublement désespéré. Les cruches étaient vides et la reine refusait d'avaler la moindre goutte d'eau tant que les soldats ne buvaient pas. Alertée par ses chefs, la troupe avait protesté en chœur, supplié la reine de mettre fin à un sacrifice inutile. Les lèvres gonflées, la peau se fendillant sous la sécheresse, ils se rassemblèrent devant la tente de Nitocris. À genoux dans la poussière, ils scandèrent :

« Bois, Pharaon, bois... »

Appuyée sur l'épaule de Beket qui trébuchait avec autant de difficultés qu'elle, la reine leur répondit :

« Je n'absorberai pas une goutte d'eau tant que mes chers soldats n'auront rien à boire ! »

Que pouvaient-ils faire de plus ? Puisque leur reine se montrait plus têtue que l'onagre, il ne leur restait plus qu'à retourner se mettre à l'abri du soleil.

Quelques instants plus tard, Baba et Satou traversaient le camp à grandes enjambées furieuses. Satou tenait sous son bras la dernière outre d'eau fidèlement conservée par les soldats de la garde. On les vit pénétrer sous la tente royale, puis on entendit protester la reine et gronder la voix de Satou :

« Pardon, Majesté, mais... il le faut ! Non ! Ne me mords pas, Majesté ! »

Lorsque les deux hommes sortirent de la tente royale, ils arboraient tous deux un sourire ravi. Les soldats comprirent alors que la reine avait fini par exaucer leur prière.

La barque divine devait être aux trois quarts de sa course céleste lorsque le guide réveilla Baba :

« Général ! Général ! Viens vite voir... Regarde ! La tempête de sable... »

Il se tenait sur le seuil de la tente et pointait son doigt en direction du sud. Un immense nuage brun et ocre tourbillonnait entre le ciel et la terre.

Le spectacle était si fascinant que Baba en oublia d'implorer Tefnout la redoutable et Sekhmet la fille du soleil.

Sans pouvoir détacher ses yeux des nuées qui se tordaient en accourant vers eux, il frappa vigoureusement de sa lame une cruche de métal pour donner l'alerte. Très vite, le vent siffla et hurla à leurs oreilles. Les soldats couraient en tous sens se mettre à l'abri des dunes, revenaient prendre leurs armes, se bousculaient, se plaquaient sur le sol.

« La reine, vite ! »

Satou rejoignit Baba au moment où ce dernier s'annonçait à l'entrée de la tente de Nitocris. La reine ne semblait aucunement pressée de quitter sa tente. Assistée de Beket, elle pliait ses robes, rangeait ses colliers...

« Majesté, annonça Baba, la tornade arrive droit sur nous...

– Je sais, général.

– Nous devons veiller sur toi.

– Vas-tu me forcer à me mettre à l'abri, comme tu m'as forcée à boire ?

Baba regarda successivement Beket puis Satou avant de revenir sur Nitocris.

« Non, Majesté, nous ne sommes pas là pour te forcer mais pour te protéger... »

Dans la pénombre, les yeux de Nitocris brillaient d'un éclat si étrange qu'il craignit que la reine eût perdu l'esprit.

« Cependant, poursuivit Baba, tu as peut-être de bonnes raisons de ne pas souhaiter te mettre à l'abri. Si c'est le cas, dépêche-toi de nous en informer car d'ici peu, nous ne pèserons pas plus dans le souffle de la redoutable que... »

Il n'eut pas le temps de finir sa phrase que Nitocris l'interrompait d'un geste agacé.

« Mais qui te parle de Sekhmet ? Il s'agit de Mérenrê ! Mon époux est venu me chercher... »

Le hurlement de la tornade s'abattant sur le campement l'interrompit. D'un même élan, Beket, Satou et Baba plaquèrent la reine au sol. Le vent rugissait, enflait si fort qu'il semblait venir de partout. Les piquets de la tente furent brusquement arrachés et le vent s'engouffra en les bousculant.

« Mérenrê ! » hurla Nitocris.

Des cascades de sable ruisselèrent sur leurs corps. Il leur sembla soudain que les dunes montaient vers eux. Les nuées vrombirent, les cordes de la tente cinglèrent l'air en claquant, la toile se déchira en crissant. Nitocris et ses amis furent tout à coup happés par un vent brûlant.

Personne d'autre qu'eux-mêmes ne pourra en témoigner, mais je certifie les avoir vus, enlacés, s'élever au-dessus du sol. J'ai vu le vent dénouer leurs bras et les doigts de leurs mains avant de les séparer et de les éparpiller sur les dunes. J'ai vu le sable les piquer de mille aiguillons et tenter de se frayer un passage entre leurs lèvres closes. J'ai entendu Nitocris sangloter en murmurant mon nom. Puis un épais brouillard s'est abattu sur le campement.

Beket était retombée la première sur Baba, qui avait amorti sa chute ; Satou fut précipité sur la pente d'une dune qu'il dévala en roulant.

Dans l'obscurité, Nitocris étreignait en sanglotant le sable par poignées ; elle se trouvait si lourde sur la terre... Elle tâtonna autour d'elle à la recherche d'un rocher qui la mettrait à l'abri de la morsure cruelle du vent.

Elle se mit à ramper. Devant elle, une fenêtre de fugace clarté sembla s'ouvrir.

Une ombre venait à sa rencontre dans l'obscurité.

Elle voulut ouvrir la bouche pour crier, mais les flots de sable tourbillonnant la forcèrent à la refermer.

Elle distingua une deuxième ombre, plus imposante, qui suivait la première. Toutes deux avançaient pesamment, comme insensibles au vent et au sable, qui semblaient glisser sur elles sans entraver leur marche.

Bientôt, la première apparition ne fut qu'à quelques coudées de la reine, si bien qu'elle put en distinguer les contours. L'ombre semblait prise dans une gangue épaisse et opaque. Elle était plus haute qu'un homme de grande taille.

À mesure qu'elle se rapprochait, Nitocris distinguait des

plaques de cuir s'emboîtant les unes sous les autres pour former une écaille protectrice.

La reine étouffa un cri. L'homme du désert tenait un long fouet terminé par une boule de métal acéré qu'il traînait sur le sable.

Tout à coup, le vent faiblit. Le ciel sembla se déchirer et le brouillard commença à s'effilocher autour d'elle. Elle entendit des voix qui l'appelaient :

« Majesté ! Majesté... »

L'ombre se figea.

Au bout de son bras, la lanière de cuir se mit à tournoyer, à se rapprocher dangereusement d'elle. Elle l'entendit siffler au-dessus de son corps.

Brusquement, la boule de métal se ficha dans le sable à deux doigts de sa tête. D'un mouvement de reins, elle roula sur le côté. Tâtonnant à la recherche de sa fronde, elle desserra le petit sac de balles d'argile et bondit sur ses pieds.

« Qui es-tu ? » demanda Nitocris.

L'homme du désert lui faisait face à présent, massif, immense, indestructible sous sa carapace :

« Je m'appelle Mersou. »

La voix, déformée par l'épaisse cuirasse, résonnait comme celle de l'oracle du temple. Nitocris vit briller deux prunelles incandescentes à travers une mince fente ; les pupilles d'un être humain, qui la dévisageaient.

Sa fronde ronfla entre ses doigts. Un javelot fendit l'air. Elle entendit le choc sourd du métal transperçant la cuirasse jusqu'aux chairs.

L'homme du désert arracha d'un geste maladroit la pointe de la lance qui tremblait encore. Il se tourna vers l'animal et s'étendit sur son dos. L'onagre allongea le pas, puis trotta. On les vit regagner rapidement les collines.

Derrière Nitocris, Satou arrivait en courant. Alors seulement, elle put s'abandonner à la peur :

« Tu l'as vu, Satou ? Tu as vu comme il était effrayant ?

– Tout va bien à présent, Majesté...

– Pardonne-moi, Satou, mais pendant un instant, j'ai vraiment cru que Mérenrê était venu me chercher ! »

Ils restèrent longtemps hébétés à contempler le silence en essayant de chasser le sable de leurs yeux, de leurs oreilles, de leur bouche.

Baba avait bien tenté de suivre les traces de sang laissées derrière lui par l'homme de cuir, mais elles avaient disparu, absorbées par le sable. Les corps de quelques soldats que la tornade avait soulevés dans les airs furent retrouvés sur l'arête des rochers, où ils s'étaient déchiquetés. D'autres revenaient en boitant, le visage tuméfié, incapables d'articuler un seul mot, d'autres encore suppliaient du regard qu'on les achève à l'endroit où ils se trouvaient.

Certains, que la soif faisait trop souffrir, mâchaient les feuilles des arbres. Il fallut les empêcher par la force de manger les pétales vénéneux des fleurs de lauriers-roses.

On aida les blessés à se relever ; le médecin confectionna des attelles et des brancards pour ceux qui ne pouvaient plus marcher.

Tous les ânes ayant disparu, deux artisans-soldats fabriquèrent une litière pour la reine à l'aide de lances et de branches de palmier. Trois d'entre elles, aux longues feuilles habilement tressées, servirent à la protéger des morsures du soleil.

Au-dessus de leurs têtes, les oiseaux étaient revenus. Ils franchissaient le ciel à tire-d'aile, libres et légers.

On les enviait.

On enterra les morts sous le sable, on rassembla les armes et les équipements épars.

Baba, qui craignait que les Libyens ne fussent sur leurs talons, donna l'ordre de reprendre la route. Ils se mirent en branle, lentement, en direction de Sioua.

Ils quittèrent les dunes de sable et marchèrent sur un sol raviné et caillouteux. Hormis quelques pans de montagnes aux parois vertigineuses, le terrain était plat et monotone.

À l'heure où le soleil atteignit son zénith, un soldat sembla perdre la raison et s'enfuit dans le désert. Baba se lança à sa poursuite, le maîtrisa et le ramena sur son dos. Il l'allongea à l'ombre d'une peau de chèvre tendue et lui donna à mâcher une feuille séchée qu'il tira de sa ceinture.

Plus personne ne parlait.

Nitocris demanda à s'arrêter. Elle se fit apporter le tabernacle dans lequel voisinaient les dieux et qui, par miracle, n'avait pas été emporté par la tempête. Elle sortit la figurine de la déesse Sekhmet, lui parla à voix basse, l'oignit, la cajola. Puis elle la remit à sa place dans son sanctuaire et donna le signal du départ.

À peine étaient-ils arrivés à proximité d'un piton rocheux que le vent se leva et le ciel s'obscurcit à l'horizon. Des nuages gris s'amoncelaient en direction de Sioua. Ils devinrent rapidement plus sombres et plus noirs que la nuit, et de grosses gouttes portées par le vent s'écrasèrent sur les fronts.

On tendit les peaux de chèvres au-dessus des têtes, formant un bec à une extrémité afin que l'eau recueillie se déverse tout naturellement dans la gorge de l'outre.

Le tonnerre se fit entendre. C'était la voix de Seth qui grondait...

Les guerriers de la garde royale affirmèrent que ce n'était pas Seth, mais la voix de Sekhmet que l'on entendait. Les prières de la reine avaient apaisé la puissante et celle-ci leur envoyait la pluie...

L'averse battait les roches autour d'eux, creusait des cratères dans le sable... La pluie se déversait en lourdes gerbes tièdes, ruisselait sur les roches.

On étendit tous les tissus que l'on put rassembler. Plus tard on les tordrait ; ils rendraient l'eau accumulée...

Nitocris restait assise, immobile sous l'averse. De temps en temps, l'extrémité de sa langue léchait un filet d'eau qu'une mèche de ses cheveux apportait à sa bouche. À ses côtés, le géant Satou se tenait tête renversée et bouche ouverte pour boire l'eau du ciel.

Avec la pluie, la fraîcheur se répandit peu à peu et les hommes purent aspirer à pleins poumons cet air vif qui sentait la roche mouillée. Une joyeuse ivresse s'empara alors de l'armée, et les soldats se tournèrent vers leur reine et brandirent leurs armes en hurlant son nom.

Puis le silence retomba. Vers le sud, en provenance de Sioua, une armée s'avançait rapidement vers eux.

Baba fit immédiatement se relever les enseignes et rangea la troupe en ordre de bataille. La sérénité se lisait sur les visages des soldats.

Que pouvaient-ils craindre ? La reine, par qui était venue la pluie, n'était-elle pas à leurs côtés pour intercéder auprès des dieux ?

Mais cette fois-ci, Nitocris n'eut pas à les implorer. La troupe qui venait à leur rencontre arborait les enseignes de la division de Ptah, dont Kagemmi était le général. Parmi ses soldats figurait l'escouade que Baba avait envoyée à Sioua.

Le général Kagemmi n'en croyait pas ses yeux. L'orage, qu'ils espéraient de leurs vœux, était passé au-dessus de leurs têtes sans éclater et était allé déverser ses nuages chargés de pluie sur l'armée de la reine, sans arroser d'autres territoires que l'endroit précis où elle se trouvait.

On cria au miracle. La troupe de Kagemmi ayant souffert de la soif, et Sioua n'étant plus qu'à une journée de marche, on partagea l'eau providentielle entre tous les hommes. On mit aussi les vivres en commun et l'on improvisa un banquet au soleil couchant.

À la fin, les généraux se réunirent sous la tente de Nitocris pour planifier la reconquête de l'oasis. Mais auparavant, ils souhaitaient tous parler de cette légende qui courait au pays des Tjéhénous.

Kagemmi, qui avait entendu parler d'une créature mi-homme mi-onagre, doutait fortement de sa réalité. En tout cas, ni lui ni aucun de ses hommes ne l'avaient aperçue.

« Tes paroles nous soulagent, intervint Nitocris, car si cette créature s'était trouvée à deux endroits différents au même moment, cela aurait signifié que nous avions affaire à l'un de ces morts dangereux dont on a le plus grand mal à se débarrasser... »

On raconta alors les événements incroyables qui s'étaient produits lors de la tempête de sable : le combat de la reine, la lance de Satou plantée dans le cou de l'homme de cuir... Qu'ajouter à cela ? Les généraux qui doutaient le plus de la réalité de cette légende ne pouvaient mettre en doute le récit de la reine, pas plus qu'ils ne pouvaient y apporter une quelconque explication. Ils se contentèrent donc de grogner leur satisfaction d'hommes repus après ce festin inespéré, ravis de leurs retrouvailles en plein désert, pressés de remporter une victoire facile qui leur apporterait gloire et repos.

XXVII

L'oasis de Sioua ondulait dans la chaude lumière du soir ; une mer de verdure, parsemée d'îlots escarpés, se reflétait dans une myriade de lacs rose et mauve. Nitocris, qui voulait fermer les yeux sur leur révolte, ne désespérait pas de rallier à l'Égypte les tribus nomades du désert libyque.

Il faisait encore nuit lorsque les soldats de la division de Ptah encerclèrent la forteresse. Deux simples tours défendaient l'accès aux murs d'enceinte et les portes de la ville. Les sentinelles dormaient encore et semblèrent à peine surprises de voir des officiers égyptiens leur demander de rendre les armes.

Au petit matin et sans qu'on eût à déplorer de victimes, l'armée de Nitocris s'était emparée de Sioua. Ces nouveaux venus n'étaient pas des envahisseurs. Encore moins des libérateurs. Les habitants regardaient avec flegme ces soldats qui couraient dans tous les sens en jouant à la guerre. Mais où se trouvaient donc les scribes royaux, le gouverneur de la ville, les fonctionnaires, le chef de la garnison ? Les avait-on tués ?

« Tués ? s'offusqua le chef des soldats libyens, mais certainement pas ! Nous les avons relégués dans leurs demeures dès lors que leur pouvoir nous a été transféré... »

Nitocris regarda tour à tour Baba, Satou et tous les généraux présents autour d'elle qui, pas plus que la reine, ne semblaient comprendre ce qui se passait ici. Nitocris demanda au chef libyen à quelle tribu il appartenait, et dans quelle partie du désert il avait coutume de laisser paître ses troupeaux. Le Libyen la regarda avec surprise :

« Majesté, je suis Kapour, prince du Tjéhénou, et ce sont mes bergers qui font paître mes troupeaux !

– Peu importe qui tu es, répondit Nitocris avec une nuance d'impatience dans la voix, je veux savoir ce que tu fais ici sur les terres d'Égypte ! »

Le Libyen se raidit :

« Pardonne-moi, Majesté, mais j'ai vu, signé de ta main, le traité par lequel tu octroies à notre roi la jouissance des oasis du désert libyque contre une paix juste et durable... »

Nitocris tapota l'accoudoir en ébène de son fauteuil :

« Écoute-moi bien, Kapour, prince du Tjéhénou. Soit tu t'es fait mordre par un scorpion enragé et la raison t'a abandonné, soit tout cela est une invention extravagante de ton roi afin d'agrandir son territoire à nos dépens.

– Majesté... Le scribe du gouverneur a authentifié la lettre et l'empreinte de ton cartouche.

– En a-t-il fait une copie ?

– Oui, Majesté.

– Baba, tu demanderas au scribe des armées d'en vérifier l'authenticité. Quant à toi, Kapour, prince du Tjéhénou, tu peux te retirer. »

Une fois le Libyen parti, la reine demanda à son état-major de se retirer à son tour. Elle était lasse et souhaitait se reposer.

Restée seule avec Beket, Nitocris ne put s'empêcher d'éclater de rire :

« J'ai affrété des navires de guerre, j'ai mobilisé une armée, perdu des soldats, affronté le désert et la soif... J'ai failli mourir sans savoir qui voulait attenter à ma vie, j'ai souffert et je t'ai fait souffrir mille morts pour m'emparer d'une ville qui n'était pas à prendre ; j'ai même cherché querelle à des gens qui n'étaient pas en guerre contre moi... Et pourquoi ? Pour m'apercevoir que tout cela n'était qu'illusion ! Ah, Beket... Je me suis laissé duper comme une enfant ! Les combats à mener ne sont pas là où je les attendais... »

Quelques jours plus tard, Mashashalou, roi du Tjéhénou, vint à Sioua signer un véritable traité de paix avec l'Égypte de la reine Nitocris.

On se flatta mutuellement, on but beaucoup, on oublia qu'on avait été berné, car les bénéfices que les uns et les autres avaient retirés de cette affaire étaient plus grands que les dommages qui en avaient résulté.

Plusieurs points cependant restaient dans l'obscurité : qui étaient ces Égyptiens qui s'étaient indûment prévalu du rang d'ambassadeurs de la couronne d'Égypte ? Quelles étaient ces bandes de pillards conduites par un homme de cuir monté sur un onagre, qui avaient terrorisé les oasis de Dakhla, Baharia et Farafra ?

Le roi Mashashalou décréta que son armée châtierait sans pitié les pillards et leur chef, et que d'ici peu ils les pendraient la tête en bas aux murailles de la ville. Mais seulement après leur avoir fait subir les plus raffinés des supplices, qu'il se gardait bien de décrire car il n'était pas convenable de parler de telles choses devant la reine d'Égypte.

Nitocris apprécia la délicatesse de son hôte. Elle lui assura qu'elle s'occuperait elle-même de ces faux ambassadeurs qui les avaient trompés, en les pendant de la même manière à ses propres murailles. Elle ajouta que les vautours leur dévoreraient les yeux et le ventre, et qu'elle espérait qu'ils resteraient vivants assez longtemps pour que leur agonie vaille la peine d'être vécue.

Entendant cela, le roi Mashashalou se frappa bruyamment sur les cuisses en poussant des hurlements de joie. Puis il leva sa coupe en direction des généraux de l'armée de Nitocris et dit :

« Buvons en l'honneur de la reine d'Égypte ! »

Des différends de nature fiscale étaient apparus au moment du départ, on régla les derniers problèmes administratifs puis on se sépara bons amis.

En regardant la reine prendre la tête de ses divisions soigneusement rangées, le roi Mashashalou songea qu'il achèverait volontiers sa vie sur les terres grasses et verdoyantes de ses voisins. L'Égypte n'était pas invincible ! On pouvait facilement la tromper, il en avait eu la preuve... Un jour, sans doute, le pays de Tjéhénou envahirait l'Égypte et les bergers du désert libyque laboureraient les vallées et les plaines du pays de la terre noire...

En quittant le palais du gouverneur, Nitocris envisageait de construire quelques forteresses qui barreraient la route aux Libyens. Par la suite, elle ferait du pays de Tjéhénou un réservoir d'hommes dans lequel l'Égypte pourrait puiser à volonté. Elle les lancerait contre les Asiatiques qui menaçaient régulièrement les pâturages des frontières de l'est du Delta.

Une partie de la ville de Sioua accompagna l'armée de la reine au-delà des forteresses. Les vieillards et les femmes se lassèrent les premiers. Seuls quelques hommes et des enfants continuèrent à l'escorter le long de la route caillouteuse.

Les hommes parce que la souveraine était si belle qu'ils voulaient garder son image dans leurs yeux le plus longtemps possible ; les enfants parce qu'ils étaient fascinés par ses cheveux d'or et qu'elle leur jetait des douceurs du haut de sa litière.

La dernière colonne de soldats venait juste de franchir les remparts lorsque Nitocris arriva en vue de la Maison de la Mort de Sioua. Face à la porte d'entrée, légèrement en retrait, se trouvait un tas d'ordures dans lequel deux petits chiens fouillaient en remuant la queue. Quelque chose rampait entre eux, qui ressemblait vaguement à un être humain.

Un enfant !

Bien que la bosse sur son dos lui donnât l'apparence d'une tortue, il se déplaçait avec une rapidité et une détermination telles que les chiens s'écartèrent devant lui.

Nitocris fit arrêter sa litière et le cortège s'immobilisa. Baba n'attendit pas l'ordre de la reine pour extirper l'enfant de son monticule. Il lui parla doucement avant de le toucher, et ne tendit la main que lorsqu'il acquit la certitude qu'il ne le mordrait pas. C'était un garçon aux yeux vifs qui devait avoir entre deux et trois ans. Son visage paraissait agréable, malgré la crasse qui le recouvrait.

Nitocris lui sourit, puis elle appela le garde en faction devant la Maison de la Mort. L'homme se jeta dans la poussière aux pieds de la reine, sans qu'elle lui accordât la permission de se relever.

« Qui est-il ?

– Un enfant abandonné, Majesté.

– Depuis quand est-il là ?

– Je l'ai toujours vu à cet endroit, Majesté... »

En parlant, l'homme soulevait de son souffle de minuscules nuages de poussière. Elle ordonna qu'on le relève.

« Tu veux dire qu'il passe ses journées et ses nuits dans ces ordures ?

– Pas ses nuits, Majesté. Une âme charitable lui a donné une couverture... Il dort avec le chien.

– Avec le chien, répéta Nitocris en écho, devant la Maison de la Mort...

– Oui, Majesté, devant la Maison de la Mort... Ses parents ont sans doute pensé qu'il n'en avait plus pour longtemps à vivre et qu'il suffirait de lui faire traverser la route. Le moment venu... Et hop, tout droit dans le bain de natron... »

Nitocris vit le visage de Baba se crisper sous la colère. Malgré la puanteur qui se dégageait de l'enfant, il le serra un peu plus fort dans ses bras.

« Que ferais-tu à ma place ? demanda Nitocris au gardien qui se dandinait devant elle.

– À ta place ? répéta l'homme, qui tout à coup se voyait aussi grand que la reine qui lui demandait de se mettre à sa place... Eh bien, je le laisserais là où il est. N'a-t-il pas été rejeté par les dieux ? N'est-il pas l'un de ces bois tordus dont on ne peut rien faire ? »

Nitocris se détourna et s'adressa à Baba.

« Fais laver cet enfant, décrotte-le et veille à ce que tout cela soit fait avec la plus grande douceur. L'armée attendra qu'il soit prêt. Quant à toi, dit-elle en s'adressant à l'homme, qui n'en menait pas large, tu prendras sa place sur ce tas d'ordures, et tu n'en bougeras pas jusqu'à mon retour ! »

XXVIII

On creusa de nouveaux puits dans le désert. Les points d'eau furent sévèrement gardés et les haltes si bien préparées que le retour sembla à chacun une immense promenade.

Nitocris ne quitta pas sa litière durant le voyage. Son « bois tordu » n'était guère plus bavard que Beket. Il se contentait de regarder le paysage et de dévisager les soldats du fond d'un amas de chiffons où il s'était réfugié en grognant dès le premier jour.

La reine ne s'était pas trompée, l'enfant était vif, ses traits fins et réguliers, sa constitution robuste. Les difficultés qu'il avait à trouver son équilibre le contraignaient à se déplacer plus volontiers en rampant, à quatre pattes, ou debout en s'aidant des bras à la manière des singes.

Comment avait-il survécu jusque-là ? Cela resterait à jamais un mystère.

La présence du petit bossu bouleversait Beket. Chaque fois que son regard se posait sur l'enfant, elle se hâtait d'essuyer une larme qui perlait au coin de ses yeux.

« Beket, soupirait la reine, à quoi bon pleurer puisque cet enfant est sauf ?

– Pau, pau-vre a-ban-do-nné.

– Il ne l'est plus !

– Ba-ba au-ssi, a-ban-do-nné...

– Il ne l'est plus non plus. Tiens, essuie-toi... »

Plus Beket s'attendrissait, plus Nitocris se raidissait. Elle était reine d'Égypte et devait contenir ses émotions. Elle avait versé trop de larmes sur son époux assassiné. Il ne lui en restait plus pour le pauvre Tibi meurtri et abandonné...

Nitocris sentit l'odeur de la mer bien avant d'apercevoir les dunes et leurs petites plantes grasses qui surplombaient la crique. Puis elle ferma les yeux afin de savourer le plaisir de leur parfum âcre.

Plusieurs navires de guerre, beaucoup plus nombreux qu'au jour de leur arrivée, les attendaient. Ils étaient amarrés à un pieu fiché dans le sable, comme des chèvres indociles attachées à leur piquet.

La reine s'étonna de la présence du commandant de la flotte royale, Neshy, aux côtés de Kafti. Il était là, très bien, et elle se réjouissait de le voir, mais que signifiait cette multitude de vaisseaux de guerre ?

Neshy se jeta à plat ventre sur la dune, et lorsque la reine le releva, le sable avait dessiné d'étranges paysages sur son visage en sueur.

« Majesté... Ah, Majesté...

– Parle ! s'impatienta Nitocris.

– C'est un désastre... une épouvante... L'Égypte... la pauvre Égypte...

– Eh bien ?

– De tous côtés, elle est assaillie !

– Vas-tu enfin te décider à parler de manière cohérente ?

– Ah, Majesté, ils n'ont pas attendu longtemps... Quelques jours seulement après ton départ, une troupe de soldats fortement armés prenait d'assaut le palais, massacrait les gardes, emprisonnait tous les fonctionnaires que tu as nommés. Le croirais-tu ? Ils ont osé emprisonner le vizir Ameni ! Je me suis hâté de rassembler mes fidèles marins et, de nuit, avant que les usurpateurs ne barrent le fleuve, nous avons quitté le port après nous être emparés des navires et des barques de guerre, coulant ceux que nous ne pouvions entraîner derrière nous.

– C'est bien, Neshy, je te félicite ! »

Nitocris souhaita que la maison de Neshy soit toujours fleurie, que son épouse et ses fils se maintiennent éternellement en bonne santé, puis elle le remercia de ce qu'il avait fait pour l'Égypte.

« À présent, je veux savoir qui était à la tête des usurpateurs.

– La reine Ipout, Majesté.

– Encore elle...

– Ainsi que son fils Khenou.

– Ce pauvre Khenou... Quand se décidera-t-il enfin à grandir ? Qui d'autre encore ?

– Je l'ignore, Majesté, aucun des soldats qui se sont emparés du palais n'a pu être identifié par mes hommes ou moi-même. »

Nitocris glissa ses doigts dans ses cheveux, puis elle les souleva pour dégager sa nuque. Les généraux qui se trouvaient autour d'elle cherchaient sur son visage quelque signe de désappointement ou de contrariété. En vain.

La reine était radieuse.

« Eh bien, qu'attendons-nous pour célébrer dignement notre retour et boire en l'honneur du courageux Neshy et de mes vaillants généraux ? »

On installa quelques fauteuils sur la grève, on se hâta de tendre de tissus un kiosque improvisé pour donner de l'ombre à la reine. On déchargea les cales des navires remplies de victuailles, de boissons, de fruits et de légumes récoltés dans les villes du Delta. On distribua de nombreuses jarres de bière aux soldats dont les bivouacs protégeaient les arrières de la reine de chaque côté de l'anse. On réquisitionna les pêcheurs présents afin qu'ils fournissent chaque jour l'armée en poissons frais, et de grands feux brûlèrent en permanence sur la plage avec une odeur persistante de poisson grillé.

« Tibi ! Tibi ! » appela Nitocris.

Le « bois tordu », qui depuis quelque temps s'essayait à la marche sans jamais lâcher la main de Beket, releva la tête et sourit, puis, reprenant son sérieux, il poursuivit lentement sa progression chaotique.

Alanguie sous le kiosque, Nitocris but une gorgée de vin, picora quelques grains de raisin. Les yeux tournés vers la mer, elle poussa un grand soupir de plaisir. Autour d'elle, les généraux invités à partager son repas se jetaient des regards discrets. Quand la reine allait-elle prendre la parole ?

Quand Nitocris se décida enfin à parler, ce fut pour demander à chacun d'entre eux si le séjour leur plaisait et s'ils ne déploraient pas de malades dans leurs rangs. La reine se comportait en tout comme une hôtesse soucieuse du bien-être de ses invités, les cajolant, les incitant à prolonger indéfiniment leur séjour.

À la fin du repas, le général Touri, commandant la division de Thot, voulut s'adresser à la reine au nom de tous les officiers. Mais Nitocris se détourna brusquement de lui :

« Plus tard, Touri, plus tard... »

Puis elle leur déclara qu'il était temps qu'ils se retirent car le sommeil l'appelait.

Elle les convoqua sous son kiosque le lendemain.

« Vous semblez, leur dit-elle, plus inquiets pour l'Égypte que ne l'est la reine. Touri ? Kagemmi ? De quoi êtes-vous soucieux ? Pourquoi tremblez-vous ainsi comme des oies ?

– Nous sommes avant tout des soldats, Majesté, il nous est douloureux de manger du poisson grillé au bord d'une plage tandis que les usurpateurs occupent le trône de l'Horus divin.

– Il faut savoir attendre, général Touri. Que penses-tu que Khenou et Ipout peuvent faire ? Réunir les troupes des nomarques ? Pour nous combattre ? Nous sommes plus forts, plus aguerris, plus rapides qu'eux... Comment gouverneront-ils sans légitimité ? Prendre le palais, s'asseoir sur mon trône et poser sur sa tête la double couronne ne fera jamais de Khenou un pharaon, pas plus que d'Ipout une mère royale. Aussi, je vous le dis, laissons-les s'amuser... Ils s'imaginent être des dieux parce qu'ils jouent avec leurs symboles. Nous reprendrons le palais quand nous l'aurons décidé. En attendant... »

La reine jeta un regard circulaire sur ses généraux et constata que ses paroles les avaient tranquillisés, comme des enfants dont la mère a calmé les frayeurs. Pourtant, à peine eurent-ils obtenu l'assurance que toute chose allait retrouver sa place qu'ils voulurent savoir de quoi demain serait fait.

« J'apprends que les pasteurs du Réténou ont envahi le Delta oriental, chassé nos bergers de leurs pâturages, vidé les villages de pêcheurs de leurs habitants. D'autres traversaient déjà le désert du Sinaï lorsque nous partions pour le Tjéhénou.

« J'ai entendu dire, bien qu'à présent je me méfie de tous, et même de mes espions les plus sérieux qui colportent des bruits qu'ils n'ont pas toujours vérifiés, que les Aamous[1] commettraient des atrocités et qu'ils se montreraient extrêmement cruels envers les Égyptiens qu'ils ont dépossédés de leurs terres par la force...

« J'ai entendu dire qu'ils dévastent nos ports et pénètrent dans les champs de l'Égypte. S'ils trouvent un bras du Nil à leur convenance, ils s'y installent et y demeurent des jours, des mois... Ils arrivent, nombreux comme les reptiles, sans que ni nos pêcheurs ni nos paysans soient capables de les repousser...

« N'ayant pu par moi-même vérifier ces affirmations, je vous laisse libres de les transmettre à vos soldats de manière à ce que leur haine des Aamous les rende encore plus ardents au combat. Car d'après ce que je sais, les pasteurs ne sont pas tendres avec leurs ennemis, et il semblerait qu'ils ne comprennent pas la plaisanterie. »

---

1. Le terme de « Aamou » désignait les tribus de nomades.

XXIX

Beket prit Tibi par la main et le conduisit au bout de la plage, où se baignaient Baba et Satou. Tous les dix pas, la jeune femme s'arrêtait. Elle désignait les êtres et les choses qui passaient à leur portée et les nommait :

« Ba-teau ; ci-el ; oi-seau...

– Sa-tou... Ba-ba », annonça Tibi en pointant son doigt vers les deux hommes qui étaient à présent étendus sur la grève et les regardaient s'avancer. Ces derniers écoutaient le ressac grésiller doucement à leurs pieds. Équipé d'un fin roseau, Baba traçait des lignes sur le sable, les effaçait, recommençait.

« Toutes les pièces regarderont la mer... Les murs seront bâtis en pierre et le toit de la cour recouvert de roseaux. Les cuisines seront adossées à la dune et je remplirai quelques bateaux de terre du Delta pour notre potager...

– Et moi, ajouta Satou, je vous apporterai chaque matin un panier de poissons frais... »

Beket et Tibi se laissèrent tomber auprès des deux amis. L'enfant piétina joyeusement les plans de Baba.

« Notre maison n'est pas encore construite que déjà, Tibi la démolit...

– No-tre mai-son ? interrogea Beket.

– Mai-son ? reprit Tibi en écho.

– Tu aimerais un jour vivre ici ? » questionna Baba.

Beket approuva vivement de la tête et l'enfant se hâta de l'imiter.

L'armée attendait que le vent tourne. Ils levèrent l'ancre lorsqu'il souffla de l'ouest et qu'il leur fut enfin favorable. Depuis quelques jours, la main de Beket s'agitait. Parfois malgré elle. Elle voulait écrire. Plusieurs fois, tandis qu'elle se reposait ou que, distraite par le vol d'une mouette ou l'apparition d'un dauphin, son esprit se détachait d'elle, sa main se mettait à tracer des signes dans les airs.

« Ta main bouge ! lui fit remarquer Nitocris, c'est mauvais signe !

– Ba-teau...

– Non, insista Nitocris, ce n'est pas le bateau. Elle tremble... Pourquoi ne la laisses-tu pas aller là où elle veut, une fois pour toutes ?

– Peu-eur...

– Si tu as peur de ce qu'elle veut te dire, eh bien coupe-la, ajouta la reine avec cette brutalité dont elle faisait parfois preuve, moi en tout cas, je n'ai pas peur ! Écris !

– Non...

– Écris, c'est un ordre ! »

Beket sortit sa boîte de scribe du coffre dans lequel elle était rangée. Elle humidifia soigneusement ses encres, affûta longuement la pointe de son calame. Tout cela prenait du temps. Elle ne se pressait pas, souhaitant à tout moment que son émotion se calme. En effet, à peine se fut-elle assise que sa main cessa de bouger. Beket regarda la reine, et ses yeux semblaient lui dire :

« Tu vois, je t'obéis, mais ma main, elle, ne m'obéit pas. Je n'y peux rien... »

Nitocris se leva, exaspérée, puis elle s'en alla rejoindre Kafti assis à son poste habituel, silencieux, veillant sur l'homme qui tenait le gouvernail.

Beket s'apprêtait à ranger son calame et son écritoire lorsqu'une violente agitation s'empara d'elle. Il lui sembla que tout son squelette était secoué par une tempête, qu'elle était une branche d'arbre dont on voulait faire tomber les fruits.

Elle s'assit et reprit sa position de scribe, genoux croisés, écritoire fermement calée entre ses jambes. Le calame commença à tracer des courbes, des lignes droites, puis brisées, des montagnes et des plaines. Il s'arrêta. Reprit soudain son mouvement. Des cercles relièrent les montagnes entre elles, de plus en plus serrés, jusqu'à obscurcir les zones pâles des plaines.

Beket se mit soudain à trembler et de nombreuses gouttelettes d'encre noircirent les signes magiques. Puis les tremblements cessèrent et le calme revint enfin sur la feuille de papyrus.

Beket reposa son calame et ferma les yeux. Lorsqu'elle les rouvrit, la magie avait opéré. À travers les lignes, les cercles et les points, quelques mots en écriture hiératique apparaissaient.

Beket parvint facilement à les déchiffrer. Il était dit que la prochaine inondation serait faible, mais que la suivante emporterait tout sur son passage... Le feu du soleil brûlerait les plumes de l'Horus divin... Jamais le feu ne pourrait arrêter l'eau... Il était dit aussi qu'une douleur l'attendait, plus grande encore que toutes les autres.

Beket appuya sa tête dans ses mains. Une grosse larme roula sur l'arête de son nez avant de s'écraser sur les symboles du pouvoir royal, apparus clairement sur la feuille de papyrus. À travers ses larmes, les mots n'arrêtaient pas de danser devant ses yeux : « Le feu de Rê brûlera les plumes de l'Horus divin... »

Le soleil avait doucement décliné. Le vent avait fraîchi, et quelques embruns fouettèrent la poupe du navire.

Nitocris était revenue vers sa cabine. Tibi dormait dans

un recoin, lové comme un chien sur son amas de chiffons. Beket se leva rapidement, mais ne put dissimuler à la reine son visage baigné de larmes qui brillaient dans la pénombre. Nitocris ouvrit grands ses bras et, appuyant la tête de la jeune fille contre son épaule, elle la berça tendrement.

Lorsque les larmes furent taries, elle lui annonça que ce soir, exceptionnellement, la reine verserait à boire à la suivante.

« Où as-tu rangé le vin de dattes ? »

Beket désigna le support à cruches.

« Et les coupes ? »

Beket pointa du doigt le petit coffre en cèdre derrière le paravent. Beket se sentit bien mieux après avoir bu la première coupe. Leurs yeux pétillèrent à la deuxième ; après avoir vidé la troisième les deux amies éclataient de rire au moindre prétexte.

Nitocris caressa longuement la main de sa suivante avant de lui demander ce que les signes disaient.

Beket lui raconta l'eau et le feu, les plumes consumées de l'Horus divin, la deuxième inondation à laquelle la reine ne survivrait pas. Puis elle se jeta dans les bras de la reine en lui disant que sa mort la tuerait.

« Ma pauvre Beket, conclut doucement la reine, si tu savais combien de fois j'ai souhaité mourir... Combien de fois j'ai voulu rejoindre Mérenrê... Lorsque nous étions enfants, je ne cessai de penser à cette mort qui viendrait un jour nous surprendre ; je n'en étais pas fâchée pour moi, mais pour lui... Seulement pour lui... Une seule chose me faisait encore mal jusqu'à aujourd'hui : ne pas connaître le jour de mon départ vers l'Occident. Mais grâce à toi, je peux à présent m'y préparer tranquillement... Qui d'autre que moi pourrait en dire autant ? Qui ne souhaiterait pas connaître la date de sa mort ? »

Beket répondit .

« Moi... »

Nitocris n'entendit pas le cri rauque de sa servante. Déjà, elle organisait sa vie jusqu'au jour où elle rejoindrait son frère Mérenrê dans les profondeurs de l'horizon.

« Sais-tu, dit-elle à Beket, que la date de la mort de mon ancêtre le roi Mykérinos avait également été annoncée ? La légende raconte qu'en son temps, l'oracle de la ville de Bouto lui apprit qu'il ne lui restait plus que six ans à vivre et qu'il mourrait dans la septième année... »

Nitocris s'interrompit et posa sa main sur le bras de sa servante.

« Tu ne trouves pas qu'il fait aussi noir que dans un tombeau ? »

Beket se leva. Elle alluma deux candélabres accrochés aux parois de la cabine.

« Mais comme il était très fâché par cet oracle, poursuivit Nitocris, il employa des mots très durs envers la déesse cobra Outa en l'accusant d'injustice. Comment était-il possible que son père Chephren et son oncle Khéops, bien qu'ils eussent maltraité leur peuple pendant de si longues années, aient vécu si longtemps ? Pourquoi lui devait-il mourir si jeune ? L'oracle, qui avait réponse à tout et ne se trompait jamais, dit à Mykérinos que le pharaon avait mal agi.

« "J'ai mal agi ? Moi ? Moi qui ai fait preuve d'une bienveillance constante envers mes sujets, moi qui les ai toujours gâtés comme mes propres enfants, moi qui compensais les pertes de ceux qu'une justice trop sévère avait parfois lésés, j'ai mal agi ?"

« L'oracle impitoyable rétorqua alors que c'était justement pour cette raison qu'il devait mourir de si bonne heure. Car il était dit que l'Égypte devait être accablée de mille maux durant cent cinquante ans et que, contrairement à lui, ses prédécesseurs avaient admis cette nécessité et accompli leur devoir. »

Nitocris demanda à Beket de décacheter une jarre de vin

du Fayoum, car le nectar de dattes devenait un peu trop sucré à son palais. Puis elle reprit :

« Après s'être lamenté à l'idée de mourir si jeune, car il était très épris de la vie qu'il menait sur terre, Mykérinos décida de convertir ses nuits en jours afin de doubler le nombre des années qui lui restaient. Pour cela, il installa dans ses jardins et son palais une multitude de lampes qu'il faisait allumer dès le crépuscule, afin qu'il n'existe plus de différence entre le jour et la nuit... »

Nitocris tendit sa coupe à Beket.

« Tu ne bois pas ? Je t'en prie, accompagne-moi, je ne peux pas boire seule, surtout pas un jour comme celui-là... Tu sais ce que je vais faire avant ma mort ?

– No-on.

– Je vais achever les travaux de la pyramide de Mykérinos, qui n'ont jamais été terminés !

– ...

– Je la recouvrirai de syénite ou d'hématite rouge... Je trouve injuste que le plus grand de ces trois pharaons possède le plus petit tombeau. D'ailleurs, il me plaît que sa pyramide emprunte au dieu Seth sa couleur malfaisante ! Tu sais, j'aime que ce dieu mauvais gouverne les créatures sauvages du désert ! J'aime qu'il soit laid et que la couleur rouge de ses cheveux sème l'effroi parmi les âmes faibles... »

Les yeux de Nitocris brillaient d'une lueur intense.

« Mais surtout, lorsque la pyramide du roi Mykérinos sera écarlate, on ne verra plus qu'elle, et tous les marchands qui remonteront et descendront le Nil diront : "Certes, la pyramide de Khéops est à son image : grande, immense, impressionnante ! Certes celle de Chéphren l'est tout autant, mais celle de Mykérinos est rouge comme le sang du taureau sacré, et bien qu'elle soit la plus modeste des trois, on ne voit qu'elle !" »

La reine se leva, en proie à une soudaine agitation.

« Dès notre retour, j'irai dans la pyramide de Mykérinos !

J'ai si peu de temps, vois-tu, qu'il faut que je m'habitue très vite à la mort... Je demanderai à mes architectes d'ouvrir la pyramide et de trouver la chambre mortuaire du roi dévot. Puis je me ferai construire un sarcophage froid en basalte bleu que je placerai dans la pyramide, et j'y passerai mes nuits les plus sombres... D'ailleurs, tu le sais mieux que quiconque, le moindre rayon de lumière m'a toujours empêchée de dormir ! Tu viendras avec moi ? Je ferai mettre ta natte à mes pieds ! Non, ne t'inquiète pas, je ne t'y obligerai pas... J'ai entendu dire qu'en d'autres temps, Baba et Satou étaient familiers des mastabas et des pyramides, n'est-ce pas ? Crois-tu qu'ils accepteront de m'y accompagner ? »

XXX

Comme un douloureux cauchemar, les grincements de la coque et le bruit des cordages tourmentaient les oreilles de Nitocris. Elle appela Beket d'une voix faible :

« Ordonne à la toupie qui s'est réfugiée dans mon estomac de s'arrêter de tourner ! »

La jeune femme déposa un linge humide sur le front de la reine, qui ne put s'empêcher de sourire au souvenir des phrases sentencieuses du maître Ousnazît, lorsqu'il voulait les prévenir contre les dangers de la boisson :

« Méfiez-vous, mes enfants, lorsque le vin envahit un homme, il est comme une chapelle sans dieu, une maison sans pain dont les murs chancellent ! »

Nitocris poussait alors Mérenrê du coude afin qu'il questionne le vieux célibataire d'un air innocent :

« Et de la femme, maître Ousnazît, que peut-on dire de la femme ? Doit-on s'en méfier ? demandait Mérenrê.

– Plus que de toute autre créature vivante, mon garçon, car il faut bien le dire : la femme est semblable à la flamme d'un brasier. Elle caresse et crépite, mais si tu y poses la main, elle te brûle la peau... Et je ne dis pas cela pour toi, ma petite Nitocris, toi qui es l'innocence même.

– Et sa vertu, maître Ousnazît ?

– La vertu d'une femme est comme un cône d'onguent...

– Elle fond quand on la réchauffe ! » répondaient en chœur les jeunes hommes du Kep. »

Nitocris sourit encore, puis se rembrunit car l'oracle de Beket lui revint en mémoire. Certes, elle souhaitait plus que tout au monde rejoindre Mérenrê, mais elle ne se sentait pas encore prête à mourir. Elle chassa ces pensées d'un geste exaspéré. Qu'importe ! L'idée de sa mort prochaine finirait par lui devenir familière.

Elle s'étira en bâillant. La mer s'était calmée, un vent léger poussait doucement le navire dont on avait cargué la voile. La reine rejoignit Kafti.

« Nous devons attendre le reste de la flotte, Majesté, car notre bateau est beaucoup trop rapide... »

Il pointa le doigt en direction de l'occident où quelques voiles rouges et bleues apparaissaient, puis il se tourna de nouveau vers la reine et désigna cette fois les contours de la côte.

« Derrière le cap que tu vois se trouve le port de Péluse, où l'armée attendra tes ordres. Nous y serons avant le coucher du soleil. »

Étendard claquant au vent, le navire de la reine fit son entrée dans la rade de Péluse, dernier bastion à l'est du Delta, suivi par la flotte au grand complet.

On avait rapidement dégagé le chenal d'accès au port dans lequel les navires étaient inspectés ; de jour comme de nuit, une nuée de scribes affairés évaluaient la marchandise, fixaient le montant des taxes à payer au moyen d'un barème rigoureux.

Péluse respirait l'opulence. Depuis que Nitocris avait coiffé la double couronne, la stabilité était revenue et le commerce avec le Liban, la Syrie et les peuples de la mer avait repris. Le bois de cèdre, le vin, les statuettes d'albâtre et les onguents se vendaient et s'échangeaient chaque jour.

« Toutes ces marchandises qui passent par Péluse rapportent de l'or et des richesses pour la cité et la couronne », commenta Bania, le gouverneur de la ville.

« Quand le commerce va, tout va, n'est-ce pas Majesté ? Les taxes entrent dans les caisses avec la régularité des crues du Nil... Ah ! Majesté, y a-t-il plus douce musique au monde que les lamentations des marchands syriens en quête d'une ristourne ? Y a-t-il un son plus mélodieux que les prières larmoyantes qu'ils adressent à leur dieu Baal Zebub lorsque le scribe du Trésor royal leur présente le montant de la taxe ? Ah, Majesté, y a-t-il spectacle plus réjouissant que de les voir, sitôt entrés au port, s'attabler dans les tavernes et boire au bénéfice qu'ils s'apprêtent à faire sur le dos des Égyptiens... »

Nitocris, qui s'amusait beaucoup de l'exubérance familière de ces gens du Nord à l'accent si chantant aux oreilles d'une pure Memphite, voulut savoir jusqu'où étaient descendues les tribus des pasteurs du Réténou.

« Majesté... Voilà qui est très mauvais pour le commerce, très mauvais... Jusqu'à présent, nous n'avons pas eu à nous en plaindre car la forteresse de Zalou les contenait ! Mais voilà qu'ils arrivent à traverser en aval du Nil, par la mer des roseaux ; il ne se passe pas un jour sans que les villages ne doivent repousser les attaques des tribus de ceux-qui-marchent-sur-le-sable, ces Nemyou-sha [1] plus avides et plus affamés que les nuées de sauterelles... Autrefois, on les accueillait volontiers, mais ils étaient alors beaucoup plus gentils et surtout moins nombreux... On se rendait de petits services de bon voisinage... Je te prête mon champ pour que tu fasses paître ton troupeau, tu me donnes une de tes chèvres bien grasse... Oui, des gestes de bon voisinage... Aujourd'hui, c'est différent. Ils volent, ils tuent, et ils ne veulent plus marchander ! »

« Vite, vite ! Un coussin pour les pieds de la reine ! »

Le directeur de la chambre du matin s'agitait autour du trône vide, rectifiait le pli d'une étoffe.

---

1. Les Nemyou-sha sont littéralement : Ceux-qui-marchent-sur-le-sable. Ce qui était souvent le cas des tribus nomades qui traversaient le désert.

« À droite, le flabellum, à droite ! »

Un kiosque avait été dressé sur le pont. On l'avait tendu d'étoffes jaune et bleu qui atténueraient l'ardeur du soleil sur la tête de Nitocris. De nombreux coussins multicolores jonchaient le sol autour des tables basses et des brassées de fleurs pendaient en guirlandes le long des cordages. Sur la passerelle qui reliait le pont au quai, les fleurs de lotus s'entrecroisaient, et de marche en marche leur parfum tenace se mêlait aux effluves du port.

La reine préparait la guerre contre les tribus de l'Est.

La souveraine des Deux Terres revêtit sa robe de lin royal tissée de fils d'or, enfila ses précieux bracelets d'argent. Puis elle posa sur sa tête la double couronne rouge et blanc que le gardien du diadème avait extirpée avec d'infinies précautions d'un coffre en bois d'ébène.

« Il sent... o-deur... de moi-si, avait glissé Beket à l'oreille de la reine.

– La couronne aussi », chuchota Nitocris en retour.

Elles pouffèrent comme deux petites filles, puis la souveraine présenta son front afin qu'on le ceignît de l'uræus, dont la force protectrice détruisait les ennemis de l'Égypte. Derrière les yeux d'améthyste du cobra, brillait une étrange lueur...

La réunion de son état-major eut lieu sur le pont du navire royal. Elle devait être suivie d'une fête en l'honneur de la ville de Péluse, car Nitocris souhaitait, par la splendeur de son accueil, dire à tous ceux qui pouvaient encore en douter que le palais du pharaon se trouvait partout où se trouvait la reine.

Avant de décider du sort réservé aux envahisseurs de l'Est, Nitocris voulut entendre l'avis de chacun, et le premier à prendre la parole fut le commandant de la division de Ptah, le général Kagemmi :

« Faut-il, Majesté, commencer par traquer les pasteurs qui se sont déjà établis sur la branche pélusiaque du Nil ? Faut-il les tuer ou les repousser en les chassant devant nous comme un vulgaire troupeau ?

– Kagemmi, souhaites-tu que je réponde à ta question, ou celle-ci ne s'adresse-t-elle qu'à toi-même ? »

Le visage rond de Kagemmi s'empourpra :

« Je... je pense, Majesté, que nous ne sommes pas suffisamment nombreux pour ratisser tous les marais, tous les affluents du Delta, et que d'autre part, si nous chassons les Aamous vers l'est, nous courons le risque qu'ils se retournent contre nous dès qu'ils auront été rejoints par d'autres tribus venues à leur rencontre.

– Merci, Kagemmi, je partage ton avis. »

Un autre chef de troupe, qui détestait d'autant plus l'idée de reprendre la marche dans le désert que la reine interdisait aux généraux d'utiliser leur litière, préconisa le débarquement de la flotte au sud de Gaza, afin de prendre les Aamous à revers.

« Et s'ils courent plus vite que toi et se répandent dans tout le Delta, qu'en feras-tu ? Iras-tu les reprendre un à un, comme les brebis égarées d'un troupeau ? »

La reine se tourna alors vers le commandant en chef de ses armées.

« Baba, j'en ai assez de tous ces bavardages, et j'ai une faim terrible ! Dis-nous comment nous allons nous débarrasser des pasteurs et passons à table !

– Je pense que l'avis du général Kagemmi ainsi que celui du commandant de la division de Thot nous seront très utiles. C'est pourquoi j'enverrai trois bateaux entre Gaza et Raphia, afin de couper toute possibilité de retraite aux Aamous. Pendant ce temps, le reste de la troupe avancera en direction de la Syrie en longeant la mer. Les Nemyou-sha n'auront d'autre choix que de nous affronter ou de s'enliser dans les sables mouvants. »

Nitocris approuva d'un geste, se tourna vers Beket qui frappa deux fois dans ses mains. De jeunes servantes s'avancèrent, les bras chargés de victuailles. Derrière elles, six esclaves nubiens transportaient de grandes jarres du meilleur vin, offert par la ville de Péluse à Sa Majesté la reine d'Égypte, Neit-Iquéret, Menkarê.

Nitocris se sentait d'humeur joyeuse. Le cœur léger, elle sourit à la vue de ses généraux, de ses soldats qui mangeaient à ses côtés comme de vieux compagnons d'armes à leur bivouac. Elle invita Beket à s'asseoir près d'elle au lieu de rester debout ainsi que se tiennent les servantes. Beket rougit :

« Je suis... ta... ser-van-te. »

Nitocris répliqua avec suffisamment de force pour être entendue de tous.

« Avant tout, tu es mon amie. »

Tous les invités levèrent la tête. Puis ils se remirent à manger de bon appétit.

« Oh, Beket, poursuivit la reine après que Beket se fut assise à son côté, si tu savais comme j'aimerais prolonger mes jours comme le fit le roi Mykérinos, entourée de toi, de Baba et de Satou, de tous ceux que j'aime...

– Oui... Ma-jes-té...

– Tu es celle que j'aurai le plus chéri au monde après Mérenrê ! Promets-moi une chose, une seule : venge-toi de Taharqa ! J'aurais pu t'offrir cent fois cette vengeance. Mais elle ne m'appartient pas. Tu te la dois à toi-même, ainsi qu'à Baba. Dis-lui qui est ce monstre. Promets-le-moi !

– Oui... Je pro-mets. »

XXXI

Une ombre longea le mur du temple de Sekhmet, atteignit la base du pylône et s'accroupit. Une autre la rejoignit. Puis une autre, et d'autres encore.

C'était une nuit sans lune.

« Le faucon divin est aveugle des deux yeux », remarqua Taharqa, que sa blessure démangeait sous les bandelettes qui enserraient sa poitrine.

Il s'engagea sur le chemin pierreux. La route descendait en pente douce jusqu'au fond du vallon, avant de remonter en serpentant autour de la colline où se trouvait la demeure de Baba.

Ipout voulait la tête de Nitocris. Elle avait blâmé Taharqa de ne pas la lui avoir rapportée du Tjéhénou. Mais elle l'avait félicité d'avoir découvert la cachette où Nitocris s'était réfugiée après l'assassinat de Mérenrê. Par la suite, une des servantes du palais, du nom de Satipi, s'était plainte à lui de l'inconstance de la reine. Par elle, il avait appris où se cachait l'enfant royal. Ipout avait d'abord voulu que Taharqa tue l'enfant. Puis elle s'était ravisée. Elle leur serait plus utile vivante...

Ils arrivèrent en vue de la maison. Par-dessus les murs, la grande masse sombre des arbres s'agitait doucement sous le vent du désert. Taharqa se retourna vers les archers qui le suivaient et leur désigna les deux hommes accroupis devant la porte d'entrée. On entendit un sifflement, et les silhouettes oscillèrent avant de basculer dans la poussière.

Les plus habiles des soldats de Taharqa escaladèrent rapidement le mur d'enceinte. Ils y restèrent allongés quelques instants, afin de repérer les trois gardes en faction dans la cour. Ces derniers succombèrent à leur tour sous les flèches des archers.

La lourde porte s'ouvrit devant Taharqa et le reste de la troupe. Le nomarque avait été si bien renseigné sur la disposition des lieux qu'il dirigea immédiatement une partie de ses hommes vers le quartier habité par les soldats de la garde royale. Lui se chargerait des enfants.

Il traversa la cour, longea le mur à l'abri des portiques avant d'emprunter un couloir qui menait à la chambre de Nofret, Mehit et Hori. Devant la porte, faiblement éclairée par une lampe tremblotant au fond d'une niche, se tenait une femme.

« Que veux-tu ? » demanda-t-elle à l'adresse de Taharqa, qui continuait à marcher vers elle sans un mot.

Senen écarta les bras dans une ultime tentative de bloquer le passage. Taharqa tira violemment sur la bretelle de sa robe. Le voile se déchira en découvrant un sein rond et lourd. Taharqa y posa tranquillement la main. De l'autre, il enfonça la lame de son couteau dans la chair tendre du ventre.

Ils étaient cinq à dormir paisiblement sur leurs nattes. Cinq enfants qui souriaient dans leur sommeil. Taharqa approcha la lampe de chacun des visages ensommeillés.

Lequel d'entre eux pouvait bien être l'enfant royal ?

Une terrible douleur au bas de la jambe lui arracha soudain un juron. Un lionceau s'agrippait à ses jambes ! Il tenta d'échapper à l'étau qui se resserrait autour de son mollet, mais les griffes s'enfoncèrent profondément dans sa chair.

Les enfants se réveillèrent en poussant des cris stridents. Les uns se cachèrent le visage derrière leurs mains, les autres se levèrent de leur natte et se mirent à courir en tous sens.

Taharqa plongea son couteau dans le ventre de l'animal. Un flot de sang chaud inonda sa main. La bête poussa un hurlement de douleur et partit se réfugier dans un coin de la chambre. Les cris des enfants redoublèrent.

Le nomarque attrapa l'un d'eux et le secoua violemment pour le faire taire. Mais le garçonnet brailla de plus belle, jusqu'à ce que sa tête aille cogner violemment le mur.

Lequel d'entre eux est l'enfant royal ? se demanda une nouvelle fois Taharqa.

Satipi pensait qu'il s'agissait d'une fille, mais elle n'en était pas sûre.

Il en attrapa une par le bras et l'éleva à la hauteur de ses yeux. Elle avait le teint clair des Libyens et ses traits étaient plus grossiers que ceux de Nitocris. Les cris qu'elle poussa lui vrillèrent si fort les oreilles que, pour les faire cesser, il laissa retomber l'enfant sur la pointe de sa lame.

Deux autres garçonnets se serraient l'un contre l'autre en hurlant.

« Ceux-là ne ressemblent en rien à des enfants de roi ! » songea-t-il en les égorgeant.

La dernière ne criait pas. Ses yeux restaient grands ouverts et le dévisageaient avec terreur. Il voulut l'emporter dans ses bras, elle le mordit jusqu'au sang.

« Lâche-moi ! » cria-t-il.

La petite fille ne desserrait pas les dents. Taharqa lui pinça le nez. Elle retint un instant son souffle avant de lâcher prise.

Taharqa posa sa grande main sur sa bouche afin de l'empêcher de hurler. Nofret tenta une dernière fois de le mordre, puis son corps se détendit et elle ne bougea plus.

XXXII

Au troisième jour du dernier mois d'akhet, un détachement commandé par Baba franchit la branche pélusiaque du Nil afin de rejoindre Zalou.

La forteresse était la première étape de l'avancée des Égyptiens au pays du Réténou. Lorsqu'ils quittèrent la citadelle, les soldats se mirent à chanter :

« Avec ma hache et mon casse-tête, je suis le maître et mes ennemis m'appellent Seigneur... Avec ma lance et mon poignard, je laboure et je moissonne ! »

La route se traînait le long des terres inondées par le Nil en pleine décrue. Puis elle se détourna vers l'est et fila entre la mer et les marais. Les canaux qui les reliaient à la mer étaient obstrués.

La crue n'ayant pas été suffisamment forte, l'eau s'était évaporée et ne laissait par endroits que des empâtements de boue, bientôt dissimulée sous le sable par le vent qui soufflait du désert.

Les sables mouvants guettaient. Plus sournois que les brigands soshous, ils vous avalaient sans pitié. L'endroit était maudit.

Après avoir dépassé les marais, Baba atteignit une oasis de palmiers et quelques masures de pisé. Derrière ce village abandonné, un ouadi desséché servait de frontière entre l'Afrique et l'Asie. Ils marchèrent le long de la mer, en direction de Gaza. Pas un seul de ces Nemyou-sha ne s'était montré à l'horizon.

« C'est que, bien sûr, ils nous voient venir de loin », songeait Baba.

La côte se détourna insensiblement vers le nord-est, ainsi que le lui avait annoncé son guide. Là, les caravanes cheminaient à l'abri de hautes dunes. Entre chacune d'elles, on entrevoyait la mer par échappées rapides.

Baba fit ralentir l'armée et attendit que la nuit tombe.

« Prends position sur la plage, ordonna-t-il à Kagemmi, le chef de la division de Ptah, efface toute trace de ton passage et dissimule tes hommes derrière les dunes. J'avancerai sur une bonne distance et, à mon tour, je cacherai mon armée sur la plage. Je laisserai passer les Aamous. Tu leur barreras la route et je viendrai les écraser contre ta division... »

Un vent chargé de sable se leva en provenance du sud. Il faisait encore nuit lorsqu'il se calma.

Les sentinelles que Baba avait dissimulées dans les herbes sauvages afin de surveiller la route le prévinrent que les Nemyou-sha arrivaient vers eux. L'un de ses soldats descendit sur le chemin et plaqua son oreille sur le sol. Il l'entendit trembler.

« Combien sont-ils ? demanda Baba.

– Au moins deux mille ! »

Baba leur ordonna de prendre l'attitude de sentinelles assoupies.

Les buissons s'agitèrent doucement au sommet de la dune. Une tête d'Aamou apparut dans la clarté de la lune, puis une autre.

Baba entendit des bêlements lointains qui dominaient la rumeur du ressac. Plus tard, il pencha la tête vers le sommet de la dune. La troupe des pasteurs étant passée, les Aamous avaient disparu.

L'éclaireur qu'il dépêcha lui annonça que l'avant-garde

des Nemyou-sha, forte de trois à quatre cents hommes, se trouvait à présent à la hauteur des troupes de Kagemmi. Derrière eux venaient les femmes, les enfants et le bétail. À l'arrière, un autre groupe fortement armé fermait la marche.

Baba s'assura qu'aucun des pasteurs ne traînait derrière l'arrière-garde, puis il s'adressa à ses hommes :

« Avant que nous n'engagions la bataille, n'oubliez pas que vous avez en face de vous de bons guerriers qui défendent leurs femmes, leurs enfants et leur bétail. Ils n'épargneront aucun de leurs mauvais coups pour vous rosser. Aussi, ne les sous-estimez pas ! »

Baba attendait l'intervention de Kagemmi pour partir à l'assaut, mais les Aamous dépassèrent les dunes derrière lesquelles la division de Ptah s'était rangée sans que celle-ci n'intervienne.

« Qu'est-ce qu'ils font ? Ils dorment ? »

Il décida pourtant de lancer ses soldats à la poursuite des Aamous.

Les Égyptiens dévalèrent les dunes sans un bruit et se mirent à courir sur les arrières de l'ennemi.

Le son rauque de la corne des pasteurs retentit. Immédiatement, les Nemyou-sha élevèrent un mur de lances et de boucliers face à leurs poursuivants. Leurs archers escaladèrent la dune la plus proche et y prirent position. Ils possédaient des arcs puissants dont les flèches ne manquaient jamais leur but.

« Là-haut ! » ordonna Baba à ses archers en désignant une dune voisine.

Lentement, les Égyptiens s'approchèrent des Aamous.

Ils furent bientôt si près d'eux qu'ils purent distinguer leurs traits dans la lumière du petit jour : yeux bleus ou noirs sous d'épais sourcils, menton carré et barbe noire. Certains avaient le crâne rasé, d'autres gardaient leur chevelure bouclée qu'ils rejetaient en grappe derrière la nuque. La plupart portaient une longue tunique noire resserrée à la taille par une ceinture de cuir souple où pendaient deux petits couteaux. Ils avaient cet air brave et farouche de ceux qui savent qu'ils vont mourir et ne reculeront pas.

Un frondeur égyptien fit ronfler sa lanière de cuir. La balle se brisa sur un bouclier. Les deux armées se mêlèrent l'une à l'autre.

Avec des hurlements terribles, les lanciers transpercèrent les corps ennemis. Sous la poussée de leurs camarades, les Égyptiens allaient de l'avant, trébuchaient sur les Aamous qui résistaient vaillamment.

De leur côté, les pasteurs piquaient, taillaient dans les chairs. Leurs mâchoires serrées, ils ne prenaient pas même le temps d'essuyer le sang qui leur coulait du visage. Les Nemyou-sha tombèrent un à un sous le nombre, et pour faire plus vite cesser le combat, Baba fit abattre par ses archers ceux des pasteurs qui restaient encore debout.

L'aube s'était levée sur la route. Au loin, le groupe des nomades du Réténou s'était reformé. D'autres guerriers prirent la place de ceux qui s'étaient sacrifiés.

Que peuvent-ils faire à présent ? se demandait Baba.

Au loin, la division de Kagemmi venait de surgir derrière les dunes.

Les pasteurs les avaient aperçus en même temps que lui, et faisaient face aux nouveaux assaillants, permettant ainsi au gros de la troupe de s'échapper. Parmi les fuyards, il ne restait plus que quelques hommes valides, des vieillards, des femmes et des enfants ainsi que le bétail qui ne les quittait pas.

« Ne tuez ni les femmes, ni les enfants ! ordonna Baba, laissez-les partir, ils ne pourront aller bien loin... Nous aurons tout le temps de les rattraper... »

Trois heures plus tard, il ne restait plus des pasteurs qu'un amoncellement de morts et de blessés agonisants.

Une brume rose flottait sur la mer et tardait à se dissiper. Trois vaisseaux en surgirent, comme par magie. C'était l'escorte du navire de la reine.

Ils glissaient en silence vers la plage et vinrent mourir lentement sur le sable.

On installa une passerelle ; Satou aida la reine à prendre pied sur la grève. Elle avait noué le némès derrière sa nuque et son front était ceint de l'uræus.

Nitocris se dirigea immédiatement vers les blessés égyptiens, réconfortant ceux qui tremblaient, posant sa main sur le front des mourants. Puis elle s'approcha des nomades du Réténou. Leurs morts portaient le masque de la colère, du désespoir et de la souffrance. Elle exigea qu'on les enterre dignement.

L'un d'entre eux, qui n'avait pas été achevé, geignait encore faiblement parmi les cadavres. Elle se pencha vers lui.

Satou lança son bras, mais le blessé s'était déjà redressé et pointait son poignard sur la gorge de la reine. En un éclair, l'uræus qui ceignait le front de Nitocris lança des éclairs. Sa langue acérée jaillit hors de sa gueule béante et s'en vint frapper le guerrier entre les deux yeux. L'homme tomba. Foudroyé.

Lorsque la lame de Satou se planta dans la gorge du pasteur, celui-ci était déjà mort. Seuls quelques soldats avaient eu le temps d'apercevoir l'éclair flamboyant de l'uræus.

Les familles des pasteurs fuyaient devant l'armée de Baba. Ils avaient progressé si vite qu'ils franchirent rapidement le ouadi desséché qui marquait la frontière de l'Afrique et de l'Asie.

Ils se rapprochaient des sables mouvants.

Baba accéléra l'allure. Les femmes et les vieillards qui formaient l'arrière-garde aperçurent les Égyptiens derrière eux. Ils s'arrêtèrent au bord du chemin et se concertèrent. Certains semblaient vouloir se rendre aux Égyptiens et faisaient mine de revenir sur leurs pas.

Entraînant ceux qui hésitaient encore, la majorité se remit rapidement en mouvement. Baba leur fit de grands signes et leur cria de s'arrêter, promettant qu'il ne leur serait fait aucun mal.

Les fuyards ne l'entendirent pas. Guidés par l'un d'entre eux, ils quittèrent la route et se dirigèrent droit sur les sables mouvants.

Alors les Égyptiens se mirent à les poursuivre en agitant leurs bras...

« Général ! criaient les hommes de Baba, ils vont à la mort ! Il faut les arrêter ! Ils s'anéantissent... »

Devant eux, les premiers des Nemyou-sha s'enfonçaient déjà dans le sable. D'autres, plus légers sans doute, les dépassèrent et furent aspirés à leur tour. Bientôt les Égyptiens ne virent plus que des bras qui se tendaient vers le ciel comme pour s'y agripper.

Baba s'agenouilla au bord de la route, et ses hommes se rassemblèrent autour de lui.

Ils regardaient les pasteurs mourir en silence. Même les plus durs des soldats détournèrent la tête pour ne pas voir les enfants disparaître sous le sable en pleurant, les femmes hurler de peur et les vieillards les maudire.

Le silence retomba sur le désert après que le sable les eut tous avalés.

XXXIII

Sa Majesté avait triomphé des Nubiens, des Libyens et des Nemyou-sha, mais elle seule savait combien toutes ces victoires étaient amères à son cœur. Sans cesse, elle interrogeait Baba.

« Penses-tu que les Aamous ont eu si peur de nous qu'ils nous ont préféré la mort ? Sommes-nous si monstrueusement cruels ? »

L'image de ces enfants pleurant dans les bras de leur mère avant d'étouffer sous le sable avait longuement hanté l'esprit de Baba. Il se sentait coupable de n'avoir pu les arrêter. Ah, si seulement Kagemmi était intervenu plus tôt...

« Nous avons anéanti leurs pères, leurs époux, leurs tribus, nous leur avons tout pris, répondit le commandant en chef de l'armée...

– C'est la guerre qui veut cela.

– Oui, Majesté... Un seul bien leur restait sur terre : la liberté de décider de l'heure de leur mort. »

Décider de l'heure de sa mort...

Nitocris resta songeuse durant une partie du trajet. Tout semblait l'ennuyer. Les affaires de l'Égypte comme le retour à Memphis. Seule la présence bouleversante de Tibi était capable de la ramener à la réalité.

Un matin, cependant, elle convoqua Baba pour lui dire d'envoyer quelques hommes à la langue habile répandre le bruit du retour de la reine à la tête d'une armée redoutable.

« Qu'ils racontent partout que je serai sans pitié. Je veux juste éloigner de ma vue Khenou, Ipout et les autres. Leur châtiment viendra plus tard. En vérité, je suis lasse de répandre le sang... »

Memphis n'était plus qu'à deux jours de bateau.

La flotte venait de quitter le port de Bilbeis lorsque Beket entraîna Baba vers la proue du navire.

« Tu veux me parler ? » lui demanda son époux avec douceur.

Pour toute réponse, Beket lui tendit une feuille de papyrus sur laquelle elle avait tracé quelques phrases d'une écriture appliquée.

La lettre commençait ainsi :

À toi, mon époux, que j'ai toujours appelé mon frère dans le secret de mon cœur...

Baba sourit, puis son visage devint blême. Les muscles de ses mâchoires se crispèrent comme chaque fois qu'il était en colère. Il déchira la lettre en tout petits morceaux qu'il jeta dans le fleuve avant d'étreindre Beket.

« À partir d'aujourd'hui, Taharqa est mon affaire. Il ne cessera de l'être que lorsque j'en aurai terminé avec lui. Je te dirai : “C'est fait”, et tu ne me poseras aucune question. »

Memphis, Hout-ka-Ptah, le château du ka de Ptah, Mennefer, ferme et belle, le Mur blanc... Nitocris épelait chacun des noms de la capitale de l'Égypte à mesure qu'elle s'en rapprochait. En la nommant ainsi, elle lui donnait une réalité qui avait fini par lui échapper pour avoir tant guerroyé, tant navigué sur la Grande Verte.

Debout à la proue, face aux courtes vagues du Nil, elle s'apercevait que le souvenir de Mérenrê ne lui était plus aussi douloureux puisque, tranquillement, elle s'en allait vers lui.

Tibi, qui se tenait à présent sur ses deux jambes, l'avait rejointe en claudiquant et s'agrippait au bas de sa robe. Elle songea qu'il aurait bientôt sa place aux côtés de Nofret et des enfants du gynécée.

Les habitants de Memphis s'étaient massés sur les quais pour accueillir leur reine. Sur les visages se lisaient le soulagement et le bonheur.

Ameni était là lui aussi, entouré de sa cohorte de scribes et de fonctionnaires, le maintien digne et le visage grave. Il fut le premier à monter sur le pont et à se prosterner devant la reine. Il lui souhaita la bienvenue, espérant que son voyage avait été bon, et que les dieux lui avaient été favorables...

« Oublie un instant ces formules creuses, tu sais qu'elles m'exaspèrent ! Dis-moi plutôt si Ipout, Khenou et tous les rats de vase qui les entourent ont décampé.

– Ils sont partis si vite qu'ils n'ont même pas eu le temps d'emporter tous leurs coffres ! Mais...

– Bien. Je veux en permanence être informée de l'endroit où ils se trouvent.

– Tu le seras. J'ai d'ores et déjà donné des ordres afin que l'on confisque leurs terres et leurs biens.

– Khay est rentré de Baharia ?

– Il a obéi à tes ordres en y restant cantonné jusqu'à ton retour. Je l'ai informé de ta présence parmi nous, et je pense qu'il sera là d'ici peu.

– Je veux que l'on recouvre d'hématite rouge la pyramide de Mykérinos, mais seulement au-delà de la seizième assise.

– Y compris les roches dures des carrières d'Éthiopie ?

– Oui. Je n'ai jamais aimé ces roches sombres de Syène... »

Penchés sur leurs écritoires, les scribes royaux transcrivaient les désirs de la reine. Par-dessus le brouhaha lointain de la ville, on entendait le grincement des calames grattant les feuilles de papyrus.

« Est-ce tout ?

– Non. Je veux qu'on se hâte de creuser le bassin sous le palais... Où en sont les travaux ?

– Khenou a travaillé pour toi car ton idée lui plaisait beaucoup. Il l'imaginait déjà rempli de crocodiles affamés, afin d'y jeter tous ceux qui lui déplairaient. Il s'en voulait de ne pas y avoir pensé plus tôt. D'ici trois lunaisons, il sera prêt.

– Nakht doit être content... Il faut que je le voie... »

Nitocris baissa la voix en lui faisant signe de s'approcher d'elle.

« Personne ne doit entendre... T'a-t-il dit l'intention que j'aie de faire construire pour la princesse Nofret et les enfants une demeure inviolable au cœur du Fayoum...

– Majesté, il faut que je te...

– Je te raconterai plus tard l'horreur de ces femmes et de ces enfants du Rétènou qui s'en allaient sans peur à la mort...

– Nitocris ! »

La reine écarquilla les yeux de surprise. Elle avait bien senti, depuis quelques instants, qu'Ameni voulait lui dire quelque chose qu'elle ne voulait pas entendre... Elle le regarda qui chassait les scribes et les fonctionnaires. Un frisson la parcourut tout entière... Elle sentit arriver le flot de larmes avant même que la nouvelle ne l'atteigne de plein fouet.

« Ameni ?

– La princesse Nofret n'est plus. Elle a été tuée, ainsi que les enfants du gynécée. Et Senen, et le lion. Tous sont morts ! »

XXXIV

Trop de malheurs s'étaient accumulés autour de Nitocris, trop de douleurs emplissaient le cœur de mon épouse...

Les dieux m'appelaient à eux. Je devais la quitter car le ressentiment qui habite le cœur des hommes ne doit pas souiller l'âme des dieux. La vengeance de Nitocris arrivait à grands pas et je ne pouvais y participer d'aucune façon.

Je franchis le portail de la mort et mes ailes puissantes m'emmenèrent au loin... Un cri perçant, semblable à celui de l'oie sauvage, sortit de ma poitrine. Comme un faucon, j'avais plané au-dessus des nuages, parcouru les vastes espaces de la Terre et du Ciel ; voici que les Esprits lumineux, debout des deux côtés de l'Escalier du Ciel, m'indiquaient le chemin ; et les planètes, dans leur course, m'emportaient loin des lieux des massacres.

« Salut, ô Rê !

« Toi, Divinité Unique qui régnait déjà au Ciel à une époque où la Terre et ses montagnes n'existaient pas encore... Toi le Créateur de tout ce qui existe, et qui, à l'aube des temps, modela la langue des Hiérarchies Divines, toi qui arrachas de l'Océan Premier les Êtres et les sauvas sur une île du lac d'Horus...

« Puissé-je respirer l'air de Tes narines, et le Vent du Nord qu'envoie ta mère Nout daigne sanctifier mon Esprit ! »

J'avais répondu à l'appel de Rê. Debout dans sa barque,

aux côtés de tous les dieux réunis qui m'accueillaient avec bonté, je regardai ma sœur Nitocris en son palais, sachant que plus jamais je ne pourrais me manifester à elle et qu'elle était dorénavant seule, et libre d'aller à sa guise vers son destin...

La reine ordonna que l'on reconstruise sa chambre sur la terrasse du palais sans rien y transporter de ce qui appartenait au passé. Tous les draps, les robes, les coffres, les chaises et les lits seraient entreposés dans l'ancienne chambre royale après avoir été réduits en morceaux, déchirés en lambeaux.

Elle décida de ne pas quitter sa cabine tant que ses appartements ne seraient pas prêts et confia à Satou le soin de s'occuper de Tibi en son absence. Sa douleur l'avait rendue lointaine et distante, comme si elle n'appartenait déjà plus à ce monde. On lui parlait, mais elle n'entendait pas. Elle s'allongeait sur son lit sans parvenir à trouver le sommeil. Beket dut mélanger le suc de pavot à ses boissons pour l'obliger à dormir.

Le vizir Ameni vint lui annoncer, deux jours plus tard, que ses nouveaux appartements étaient prêts. Afin que les véritables assassins se croient impunis, il avait fait courir le bruit que des brigands étaient à l'origine des meurtres. La reine approuva de la tête. Un des soldats qui, durant cette nuit tragique, gardaient la demeure déguisé en mendiant lui avait révélé avant de mourir qu'il avait entendu l'un des assaillants prononcer le nom de Mersou.

À ce nom, Nitocris tressaillit :

« C'est la troisième fois que je l'entends. Parles-en à Baba et à Satou. Dis-leur tout ce que tu sais à ce sujet. Ils sauront quoi faire. »

Quelques jours plus tard, Baba et Satou rendirent leur bâton de commandement au vizir. La paix était revenue et l'armée n'avait pas besoin d'eux pour former de nouvelles recrues. Ils reprirent leur tenue de marchands et fréquentèrent assidûment les tavernes de Memphis. On les vit hanter les Maisons de la Bière dans lesquelles se produisaient les plus gracieuses danseuses syriennes du pays. De belles jeunes filles aux rondeurs bien en place et qui connaissaient parfaitement leur métier.

Un jour qu'ils déambulaient, ils s'arrêtèrent dans la plus crasseuse des tavernes du port. Elle était bondée malgré la détestable réputation qu'elle avait acquise de servir un vin aigre et râpeux, et une bière aussi tiède que la pisse d'ânesse.

La serveuse n'avait pas seize ans, et son visage à l'ovale parfait respirait la douceur et la pureté. Lorsqu'elle souriait, la plus imbécile des brutes se changeait en agneau. Durant des heures, le regard de ces hommes rudes, de ces marins solitaires s'attardait sur la jeune fille, sur ses fesses qui tendaient gracieusement le tissu transparent, sur ses seins gonflés qui, à chaque mouvement, jouaient avec les bretelles de sa robe. Elle était orpheline et portait le joli nom de Bity, qui signifie « abeille ».

Baba et Satou entraînèrent le patron vers son arrière-salle, et surent le convaincre, malgré ses protestations initiales, de les laisser repartir avec la jeune vierge.

Ils avaient affrété un bateau rapide conduit par une douzaine de robustes rameurs de Neshy.

Le lendemain matin, ils prirent la direction du sud.

Un mystérieux cercueil de sapin avait été posé au centre de l'embarcation. Bity, qui n'appréciait guère la monotonie des paysages traversés, y avait installé sa natte. Elle y dormit tout au long du voyage qui les conduisit jusqu'à Beni Hassan.

Les rameurs, qui n'avaient jamais vu une aussi jolie fille dormir dans un cercueil vide, tiraient si fort sur leurs rames que l'eau bouillonnait sous l'étrave et que le navire semblait voler au-dessus du Nil.

Baba et Satou, qui prétendaient faire du commerce pour le compte de riches marchands syriens, installèrent leur bureau dans la meilleure auberge de Beni Hassan. Ils parcouraient la ville, visitant les échoppes des artisans potiers, des sculpteurs de figurines en albâtre, des bijoutiers... Partout où ils se rendaient, ils emmenaient Bity. Les hommes avaient parfois tant de mal à détacher leur regard du corps de la jeune fille que Satou devait feindre de se fâcher que l'on dévisage leur servante avec tant d'insistance.

Ils firent quelques promesses d'achat, déambulèrent dans la ville jusqu'à ce que la renommée de Bity parvienne aux oreilles du gouverneur du nome de l'oryx.

Au soir du cinquième jour, Taharqa croisa fortuitement leur chemin. Il exprima son étonnement de ne pas avoir été averti de la présence du commandant de l'armée royale et lui prodigua toutes les marques de respect dues à son rang. Alors qu'il se courbait devant lui, les deux hommes s'aperçurent qu'un bandage enserrait son épaule jusqu'au cou.

Baba l'arrêta d'un geste :

« Épargne ton dos et tes blessures, Taharqa, j'ai rendu mon bâton de commandement et mon collier shebiou à la reine !

– Dans ce cas, puis-je te demander ce qui vous conduit à Beni Hassan ? demanda Taharqa en jetant des regards furtifs et appréciateurs sur Bity.

– Les affaires, Taharqa, les affaires... »

Satou s'était éloigné du groupe et tentait d'attirer l'attention de Baba.

« Les affaires, répéta le nomarque en lorgnant avidement la jeune fille, les affaires... J'espère qu'elles vous retiendront encore longtemps à Beni Hassan... »

Baba rejoignit Satou qui l'appelait à voix haute, laissant Taharqa seul face à Bity. Quelques instants plus tard, Bity les rejoignit et ils saluèrent le nomarque. La jeune fille trépignait de joie :

« J'ai tout fait comme vous m'avez dit de faire !

– Alors ?

– D'abord, il m'a dit que j'étais belle, si belle que je méritais de devenir l'épouse d'un grand nomarque tel que lui, et que si je voulais...

– Mais tu ne voulais pas, grogna Satou.

– Non, je ne voulais pas. Je lui ai déclaré que je n'étais pas une gourgandine, mais une jeune fille respectable. Je lui ai dit que j'épouserais bientôt un honnête garçon à qui je serais heureuse d'offrir ma virginité...

– Et ?

– Là il est devenu rouge comme la grenade et il m'a suppliée de l'attendre ici à l'heure de la première étoile. Il tremblait si fort tout à coup que j'ai cru qu'il avait la fièvre.

– Et après ?

– Il m'a dit des choses... Mais je préfère que vous ne les entendiez pas, et je lui ai de nouveau répété que j'étais une jeune fille respectable et que je ne pouvais pas le voir en dehors de mes maîtres, puis je suis allée vous rejoindre en courant.

– C'est bien, Bity, c'est très bien... Je pense que nous ne tarderons pas à le retrouver sur notre route. »

Aussi continuèrent-ils à flâner, jusqu'à ce que leurs pas les conduisent vers le quartier des tanneurs, où ils prétendirent s'intéresser aux carquois, boucliers et couvertures de sièges.

Toutes les échoppes se ressemblaient et présentaient les mêmes marchandises : carquois, cadres de miroirs en cuivre et dessus de siège. Dans l'une d'elles, on ne fabriquait que des pagnes et des ceintures. L'œil de Satou s'attarda sur le tanneur en train d'assembler plusieurs morceaux d'un cuir exceptionnellement épais.

Concentré sur son ouvrage, l'homme sentit à son regard que Satou s'y intéressait. Il le dissimula brusquement.

« C'est quoi ce cuir que tu travailles ? demanda Satou.

– Lequel ?

– Celui que tu viens de mettre de côté... Celui-là, dit-il en pointant son gros doigt.

– Ah, ça... Hippopotame.

– Et tu fais quoi avec ?

– Commande spéciale. J'peux rien dire. »

Baba entraîna Satou vers la ruelle, non sans avoir loué à voix haute la probité de cet honnête artisan pour lequel le secret professionnel n'était pas un vain mot.

« Tu as reconnu la cuirasse ? demanda Baba.

– Comment ne l'aurais-je pas reconnue puisque ma lance l'a percée ?

– Tu te souviens de l'endroit exact ?

– La pointe a pénétré entre le haut de l'épaule et la base du cou.

– À peu près à l'endroit où...

– À cet endroit précis ! »

Les dieux et le hasard étant propices au nomarque de Beni Hassan, celui-ci croisa fortuitement les deux amis sur le port alors qu'il partait inspecter les travaux du quai ouest.

Le gouverneur se montra extrêmement chaleureux, et si heureux que la fortune les place sur sa route qu'il les invita à dîner au palais, le lendemain soir. Il se demandait cependant... Une partie de son personnel souffrant d'une maladie mystérieuse, il se demandait s'ils pouvaient, dès aujourd'hui, lui prêter leur servante...

« Bity viendra, mais avec nous demain, répondit Satou d'un ton sans appel.

– Dans ce cas, je vais m'entretenir avec elle afin de rémunérer comme il se doit ce surcroît de travail. »

« Oui, la rémunérer comme il se doit », répéta Baba à mi-voix. Disant cela, il songeait au supplice de Beket.

Les deux hommes s'éloignèrent, et lorsque Bity revint vers eux, ses grands yeux noirs brillaient d'excitation.

« J'ai encore fait comme vous m'aviez dit de faire ! Je lui

ai dit que j'étais prête à entendre ses propositions pourvu qu'elles soient honnêtes. Il m'a juré sur tous les dieux de l'ennéade héliopolitaine qu'elles l'étaient. Je lui ai répondu que vous faisiez la sieste après le repas et que je pourrais m'échapper un moment, car vous dormiez si fort que même la tornade ne pouvait pas vous réveiller. Enfin je lui ai dit que s'il voulait me parler comme à une honnête jeune fille, il fallait qu'il me rejoigne après l'heure du déjeuner, en dehors du port, à l'endroit que vous m'avez indiqué. J'ai bien fait, non ? »

Satou et Baba acquiescèrent. L'un après l'autre, ils rejoignirent le capitaine du bateau qui les déposa en amont de l'endroit où la rencontre devait avoir lieu. De là, ils surveilleraient l'arrivée de Bity ainsi que celle du nomarque. Ils attendirent ainsi, cachés dans les roseaux.

Taharqa arriva le premier, accompagné par deux soldats en armes qui fouillèrent la rive. Dès que Bity apparut au sommet du sentier, il leur fit signe de déguerpir.

Baba et Satou se glissèrent dans l'eau du Nil. Ils se tenaient fermement par le bras, main sur le manche de leur long couteau, l'œil aux aguets, ils surveillaient les crocodiles.

Taharqa avait cassé une branche de roseau dont il frappait sa cuisse dans un geste d'impatience. Enfin, Bity arriva jusqu'à lui, si belle et si ronde qu'il crut voir la déesse Hathor en personne.

« Reste où tu es ! » lui cria-t-il.

La jeune fille s'arrêta.

« Viens vers moi à présent. Lentement... Je veux te voir marcher vers moi en remuant tes hanches comme une gourgandine ! »

Bity fit ce que Taharqa lui demandait ; le plaisir du nomarque étant de la soumettre, elle se soumettait.

« Non ! hurla-t-il, je ne veux pas que tu m'obéisses... Je veux au contraire que tu me résistes ! Viens ici ! »

Ne sachant plus si elle devait obéir ou se soumettre, elle

fit semblant de pleurer. À travers ses doigts, Bity vit le nomarque sourire. Une rangée de dents gâtées apparut, semblables à des raisins secs ; ses fausses larmes redoublèrent d'intensité... Elle implora la déesse Isis, son époux Osiris et leur fils Horus de l'épargner, de faire en sorte que Baba et Satou la tirent le plus rapidement possible de ce mauvais pas.

Taharqa écarta brutalement les bretelles de sa robe qui ne cachaient en rien la rondeur de ses seins, puis, avec fureur, il commença à déchirer le tissu.

Bity essaya de le repousser de toutes ses forces, mais les ongles de l'homme s'enfoncèrent dans sa peau pour la retenir. Elle poussa un hurlement. La douleur était si intense qu'elle fut sur le point de perdre connaissance.

Elle entendit enfin la grosse voix grave de Satou :

« Mersou ? »

Taharqa lâcha brusquement Bity et fit volte-face. Le poing du colosse s'écrasa sur son visage abasourdi et il s'écroula à terre.

La jeune fille, qui sanglotait de joie à la vue des deux hommes couverts d'algues et ruisselants d'eau boueuse, courut se jeter dans les bras de Satou.

Baba lança le signal convenu au capitaine du navire, dont l'étrave fendit doucement les touffes de roseaux en les faisant craquer. Les deux hommes allongèrent Taharqa dans le cercueil, après lui avoir attaché les bras le long du corps et lié les pieds au moyen de bandelettes en lin brut. Enfin, on le hissa sur le pont du navire, puis on le déposa dans l'ombre du réduit à cordages, où il resta une journée entière sans que personne ne vînt le voir malgré ses appels furieux et répétés.

Baba et Satou attendirent le matin suivant pour lui rendre visite, une cruche de bière à la main. Taharqa, le regard plein de haine, les observa qui s'asseyaient près de lui. Il ne dit rien. Ils ne dirent mot non plus. Baba but une rasade de bière fraîche à même la cruche, avant de la passer à Satou.

« J'ai soif, dit Taharqa.

– Tu auras encore plus soif demain. Comment faisais-tu dans le désert ?

– J'avais d'autres cachettes que vous ne pouviez pas découvrir...

– C'était bien toi, alors, qui allais ainsi dans le désert, sur ton âne maudit, poursuivant la reine de ta haine...

– Elle avait bouleversé mes plans et donné ma fille à un nègre scarifié... Ma fille que j'aimais plus que tout au monde. Que voulais-tu ? Que je la remercie ? Donne-moi à boire... »

Baba fit signe à Satou de lui donner à boire. Le colosse souleva la tête du cercueil afin que Taharqa ne s'étrangle pas.

« Vous aviez planifié l'agitation du Tjéhénou et du Réténou, n'est-ce pas ? Qui ?

– Ipout, bien entendu... Elle voulait occuper la reine. »

Baba hocha la tête avant de reprendre :

« Beket, c'était toi, bien sûr ?

– En ce temps-là, elle n'était qu'une servante... »

Baba serra les poings tandis que Satou laissait brutalement retomber le cercueil.

« Les enfants... Comment avez-vous appris leur existence ? »

Taharqa pouffa de mépris.

« Des paysans nous ont indiqué l'endroit où la reine s'était réfugiée, puis l'espionne de la reine elle-même, Satipi, nous a confirmé l'existence de l'enfant royal... Ipout ne voulait pas les tuer, mais les garder comme monnaie d'échange... Leur mort n'a été qu'un accident. Ils pleuraient et criaient... Il fallait bien les faire taire... »

Baba arrêta d'un regard le geste meurtrier de Satou et l'entraîna sur le pont.

« Respire fort, calme-toi... Le châtiment que je réserve à Taharqa sera à la hauteur de son insondable cruauté. Viens. Nous allons le lui annoncer. »

Le nomarque les dévisagea de son regard froid de serpent.

« C'est bien, Taharqa, dit Baba, à présent je veux que tu saches ce que je vais faire de toi. Tu vas dormir d'un profond sommeil jusqu'à Memphis. Là, tu te réveilleras parmi ceux que l'on prépare pour l'ultime voyage. Tu auras ta place auprès d'eux, cependant le traitement que je t'infligerai sera très différent. Mais à quoi bon t'en dire plus, puisque tu pourras bientôt suivre par toi-même ton propre supplice... »

Rien n'avait changé. L'odeur âcre du natron, la puanteur fade des corps en décomposition... Le même garde était toujours en faction devant la Maison de la Mort. Il sembla à Baba qu'il n'avait pas du tout vieilli.

« Alors, mon garçon, te voilà donc revenu parmi nous, lui dit-il. Je t'avais prévenu, quoi que l'on fasse pour l'éviter, on y retourne toujours... Entre, entre... Ptahor m'a prévenu de ta visite. »

Par quelque étrange sortilège, Ptahor, pas plus que le garde posté à l'extérieur, ne semblait avoir changé.

Le vieil embaumeur frotta son front contre celui du jeune homme avec émotion. Puis il l'entraîna vers son antre après que Baba eut donné ses instructions. On transporta le cercueil dans un coin reculé de la salle, à l'abri des regards.

« Ptahor, demanda Baba, as-tu enfin trouvé ton remplaçant ?

– Oui. Un garçon très calme, très gentil, mais... (Ptahor baissa la voix.) Il ne les aime pas ! »

Baba sourit au vieil homme. Il comprenait :

« Tu es devenu quelqu'un d'important, n'est-ce pas, Baba ? C'est bien. Si tu en fais bon usage... À présent je vais te laisser faire ce que tu as à faire et dont je ne veux rien savoir. Sache seulement qu'ils ne doivent s'apercevoir de rien et que tu ne dois pas les déranger. »

Baba était assis auprès de Taharqa, attendant que les effets du suc de pavot se dissipent. Un peu de sang coulait de la bouche du nomarque. Baba l'épongea.

Il tourna la tête. Au loin, Ptahor incisait le ventre d'une jeune femme. Plus loin encore, un homme remuait les cadavres dans leur bain de natron... Rien n'avait changé.

Taharqa ouvrit un œil, reconnut Baba, scruta les alentours en humant l'odeur de la mort. Baba se pencha doucement vers lui.

« Tu peux essayer de crier, mais tu n'y arriveras pas car j'ai pratiqué sur toi une petite opération qui t'en empêchera. »

Taharqa ouvrit la bouche. Seul un son étouffé en sortit.

« Oui, Taharqa, il est très douloureux de ne pouvoir se faire entendre... Je vais te laisser ainsi quelque temps afin que tu apprivoises l'endroit où tu vas mourir, car je suis certain que tu apprécieras ce lieu propice au silence et au recueillement. Mais j'ai encore quelque chose à faire avant de te quitter. Regarde bien. »

Taharqa releva la tête autant qu'il le put. Il était nu, à l'exception des fines bandelettes qui lui liaient les chevilles et lui maintenaient les mains et les bras allongés le long du corps. Plusieurs récipients, d'où émanait l'odeur caractéristique du natron, étaient rangés sur la table de travail. Baba se saisit du premier et en versa lentement le contenu sur la peau du nomarque, l'étalant sans hâte à l'aide d'une spatule en bois. Le corps de Taharqa étant très long, il fallut verser le deuxième récipient sur le bas du ventre, alors que les premières morsures de l'acide commençaient à faire leur effet sur les jambes.

Baba préféra attendre que Taharqa s'habitue à la douleur avant de répandre le contenu du troisième sur le torse et le visage.

La bouche de Taharqa s'ouvrit, mais aucun son n'en sortit ; ses yeux roulèrent dans leurs orbites avec la rapidité d'une toupie. Ses pieds et ses mains s'ouvraient, se refermaient dans le vide.

Baba jeta un dernier regard au corps qui se brisait, puis il se leva et rejoignit Ptahor.

« J'ai apporté une cruche de ce vin des îles que tu aimes tant... »

Ils parlèrent de la vie et de la mort, puis quittèrent les pièces sombres pour déguster sous la tonnelle quelques fruits du jardin et plusieurs coupes de vin, avant de s'assoupir à l'ombre d'un figuier.

Lorsque Baba s'en retourna, Taharqa était mort. Son corps s'était recroquevillé sous l'effet du natron. Le ventre s'était creusé, la tête renversée vers l'arrière, et des boursouflures noirâtres formaient d'étranges colliers autour de ses chevilles et de son torse. En se rétractant, les lèvres avaient dénudé les dents, et dans un dernier cri muet, la bouche était demeurée grande ouverte.

XXXV

Nitocris avait fait installer des voiles bleus à franges d'or afin qu'il n'y eût pas de rupture entre le ciel et elle ; ils s'étalaient autour de la terrasse et leurs extrémités pendaient dans le vide.

Elle espérait se rapprocher ainsi de Mérenrê, mais il ne l'entendait plus. La mort du meurtrier des enfants ne l'avait pas apaisée, pas plus que Beket la disparition de son violeur. La jeune femme regrettait d'avoir tissé entre Baba et elle ce lien immonde qui s'appelait Taharqa.

Nitocris voulait mourir chaque jour. Et vivre. Et se venger. Et mourir encore. Son désespoir était si grand qu'elle le voulut éblouissant.

Elle prétendit faire mentir l'oracle, comme Mykérinos l'avait souhaité en son temps. Elle illuminerait ses nuits afin de doubler la durée des jours qui lui restaient à vivre.

On installa des flambeaux le long des allées, des coupelles et des plats creux sur les tables, par terre et dans chaque niche. On creusa des rigoles dans lesquelles on fit couler des ruisseaux d'huile de lin. Partout où l'on pouvait, sur les portiques et les pylônes, on posa des gouttières que l'on remplit d'huile ou de graisse et dans lesquelles flottaient, à intervalle régulier, des petites mèches poisseuses.

Quand enfin la nuit tomba, une cohorte de serviteurs alluma les lampes une à une. Il en fallut beaucoup avant que le jour ne remplace les tenèbres. Au-delà de la lueur vacillante des flammes, le trou noir de la nuit semblait encore plus sombre, plus lointain...

Nitocris prétendit ne pas s'en apercevoir. Elle avait convoqué des musiciens et des danseuses, fait venir les meilleurs vins. De tous côtés, la fumée des viandes montait dans les feuillages.

Tibi gambadait autour d'elle. De sa démarche claudicante, courbé vers le sol, il regardait le monde de son œil malicieux. Il scrutait ainsi tous ceux que la reine chérissait : le vizir Ameni, sa femme Aniya et leur fils Hori ; Baba et Beket ; Khay, le commandant de la garde royale de retour des oasis, Nakht, le directeur des travaux royaux. Après avoir pleuré la douce Senen, Satou s'était fait accompagner de Bity.

Satisfait de son examen, il revenait prendre sa place entre Beket et Nitocris... Là, il prêtait une oreille grave et attentive au son des cistres, au pincement d'une harpe, au murmure des paroles, à celui, plus limpide, d'une cascade tombant dans le nouveau bassin.

Ainsi passait la nuit.

Chaque fois que la tête de l'un de ses convives s'affaissait, la reine frappait dans ses mains et priait qu'on lui serve du vin afin qu'il se réveille. Puis elle regardait autour d'elle les flammes hypnotiques. La reine ne parlant pas, tout le monde se taisait. Seul Tibi s'était endormi. Et chacun l'enviait.

L'aube avait fini par blanchir les montagnes de l'est. On avait attendu les premiers feux de la barque de Rê pour éteindre les mèches, et des milliers de petites fumées montèrent dans l'air froid du matin.

Nitocris remonta dans ses appartements.

Ils en furent tous si soulagés qu'ils se quittèrent rapidement, marmonnant leur fatigue.

La reine s'était accroupie au fond de son lit et tenait dans ses bras sa jambe droite repliée. Elle pensait à Mérenrê. Il ne faisait plus souffler la brise pour elle seule, ne lui parlait plus dans ses rêves, et les feux de l'uræus ne brillaient plus sur son front. Pourquoi l'avait-il abandonnée ?

Lasse de ses pensées, elle finissait par se lever. Faisant claquer ses petites sandales blanches, elle arpentait la terrasse, se penchait par-dessus le parapet, levait les yeux vers le ciel à la recherche du faucon invisible.

Mais la fatigue lui était si lourde qu'elle se jetait sur son lit en sanglotant. Elle y restait ainsi un long moment, répétant inlassablement à travers ses larmes le nom de Mérenrê. Puis, pâle comme une morte et tout aussi insensible, elle triturait un bout de drap entre ses doigts. Brusquement, elle se levait, cherchait dans son coffre quelque objet qu'elle croyait avoir perdu. Ne le trouvant pas, elle appelait Beket. À peine étaitelle là qu'elle la renvoyait. Elle n'avait plus rien à lui dire.

Elle se saisissait alors d'un plat, d'une coupelle ou d'une cassolette qu'elle lançait violemment contre le mur.

L'absence de sommeil égarait la reine.

Le soleil commençait doucement son ascension vers l'est. Nitocris ordonna qu'on lui prépare immédiatement sa litière et que l'on fasse venir Baba et Satou.

« Tu ne dors plus ? demanda le géant, toi que nous avons sauvée de la mort, tu veux à présent mourir ? »

La reine soupira. Il reprit :

« Sache qu'avant de t'envoler pour ton horizon, tu auras mille fois l'impression que le sol est au plafond et que les hippopotames volent dans les airs. Et tout cela te donnera un mal de tête épouvantable... Mais à présent que tu nous as tirés de notre sommeil d'enfant, dis-nous ce que nous devons faire, nous le ferons ! »

– Je veux que vous me conduisiez jusqu'à la pyramide de Mykérinos...

– Tes travaux avancent...

– Satou ! Cesse de me couper la parole ou je te fais fouetter sur-le-champ !

– Je voulais simplement te dire que l'hématite rouge recouvre à présent plus de la moitié des quatre côtés de la pyramide et que les équipes progressent à une vitesse sensiblement égale.

– Je ne t'ai encore posé aucune question à ce sujet ! En revanche, je voudrais que vous m'aidiez à y entrer car mes architectes sont incompétents et ne savent comment s'y prendre.

– Impossible ! À ma connaissance, aucun pilleur de tombeau digne de ce nom n'est encore parvenu à y pénétrer.

– Pas même vous deux ? »

Baba regarda Satou. La reine savait. Mais comment ?

« Je le sais, c'est tout. Demande-t-on à la reine, qui détient tous les secrets de l'Égypte, comment elle les possède ? »

La longue rampe qui escaladait la colline de pierre semblait partir à l'assaut du tombeau. À son extrémité, si belle et saisissante que les yeux ne voyaient plus qu'elle, la pyramide de Mykérinos semblait se cogner au toit bleu du ciel.

Au-dessus des quinze premières assises en pierre dure, et jusqu'en son milieu, le tombeau du dévot pharaon était recouvert d'une couleur rouge semblable à du sang de bœuf séché.

Nitocris abandonna la litière. Elle voulait gravir la rampe en foulant le sol de ses pieds. Flanquée des deux hommes, elle parvint sur le seuil du temple funéraire, pénétra à l'intérieur de l'enceinte où se tenaient les statues du roi et de la reine Khamernernebty, représentée en déesse Hathor. Assis derrière eux, et les dominant de toute la hauteur de sa statue colossale, le roi Mykérinos regardait en direction du Nil.

L'albâtre dans lequel il était sculpté paraissait rayonner de l'intérieur même de la pierre.

À droite du sanctuaire, un long couloir ouvrait sur une volée de marches qui débouchaient à l'air libre, devant la face nord de la pyramide.

Les deux hommes décidèrent d'en faire le tour. L'un vers l'ouest, l'autre vers l'est. Chacun arrivant du côté opposé, ils se rejoignirent devant la face nord, leur point de départ.

« C'est ici ! décréta Baba.

– Ça ne peut être que là, renchérit Satou.

– Quelle hauteur ?

– Je dirais à hauteur de la sixième assise.

– Je penche plutôt pour la cinquième », rétorqua Baba tout en collant sa joue contre le revêtement de calcaire afin que son regard rasant puisse y déceler la moindre anomalie.

Les deux hommes reculèrent, levèrent les yeux vers le sommet de la pyramide, firent deux petits pas vers l'est, un petit pas vers l'ouest avant de tracer un grand trait dans le sol du talon de leur chaussure.

« Je monte ?

– Laisse, dis Baba, j'y vais. »

Baba ôta ses sandales, posa son pied nu sur les aspérités du calcaire et commença son ascension. Lorsque le revêtement était trop lisse, il se saisissait du burin de son enfance, qui ne l'avait jamais quitté, et pratiquait une petite encoche sur laquelle ses pieds ou ses mains s'agrippaient.

Il ferma les yeux. Dans un recoin de sa mémoire, un tout jeune homme, presque un enfant, transportait sur son dos la momie de sa mère.

« Ne bouge plus, tu y es ! » lui cria la voix de Satou.

Le jeune homme ouvrit les yeux. En contrebas, allongée sur sa litière et la tête levée vers le ciel, la reine le regardait progresser. Il ferma de nouveau les yeux et fit glisser le bout de ses doigts sur la surface plane. Rien. Il se déplaça d'une demi-coudée vers l'est. Toujours rien, aucune aspérité, aucun renflement ne rencontrait la pulpe de ses doigts. Il se hissa jusqu'à l'assise supérieure. C'était la cinquième. Balançant la main en arc de cercle, il balaya toute la surface qu'il pouvait couvrir. Un infime gonflement, une légère courbure trahit les angles de la pierre. D'un coup de burin, il fit sauter le revêtement. Sous la mince couche de calcaire de Tourah apparurent des traces de maçonnerie. Baba coinça son burin dans sa ceinture et redescendit les huit coudées qui le séparaient du sol.

Ils arrivèrent en vue de Memphis à la nuit tombante. Toutes les cassolettes, les rigoles et les coupelles avaient été allumées. De loin, le palais brillait et scintillait comme une cascade d'or dans la nuit.

« Je veux qu'on éteigne toutes ces lampes, ordonna la reine à Baba, qui marchait à ses côtés.

– Bien, Majesté.

– Oh ! cesse de m'appeler Majesté...

– La lumière t'empêche de dormir ?

– Oui.

– Je demanderai au médecin royal qu'il t'aide à trouver le sommeil...

– Si tu veux...

– Pourquoi désires-tu entrer dans la pyramide de Mykérinos ?

– J'ai perdu Mérenrê.

– Oui... Tu as perdu un frère, un époux, nous avons perdu un roi...

– Ce n'est pas ce que je veux dire. Mérenrê est mort une deuxième fois. Il s'est éloigné de moi... Depuis la disparition de Nofret. Je ne l'entends plus !

– Il te parlait ?

– Non, mais je le sentais à mes côtés à chaque instant...

– Tu espères donc qu'il te rejoindra dans le tombeau de Mykérinos ?

– Je l'espère, Baba. Ne le trouvant plus dans le monde des vivants, il me faut le chercher dans celui des morts... »

Baba ralentit la marche et posa sa main sur le montant de bois auquel Nitocris s'était accoudée.

« Tu ne vas pas mourir ?

– Si, Baba, je mourrai parce que je suis lasse de la vie et des hommes. Je mourrai jeune, et sans tombeau. C'est sans doute pourquoi, je vous ai demandé, à Satou et à toi, de m'accompagner dans la pyramide du roi bon.

– Tu ne vas pas mourir ? insista le jeune homme.

– Si, Baba, je vais mourir. »

Certains murs du temple funéraire avaient été hâtivement montés à l'aide de briques crues et menaçaient de s'effondrer.

Nitocris ordonna qu'on les remplace et que l'on consolide les parties défaillantes du temple. Pendant ce temps, une équipe aux ordres de Baba et de Satou s'occupait de déblayer l'entrée supposée de la pyramide.

On commença par dégager le revêtement. Des joints de mortier coloré entourant le bloc de pierre apparurent très nettement. Après l'avoir descellé, on enfonça des coins de bois entre les pierres, mais rien ne bougea.

Agacé de voir les ouvriers s'affairer sans résultat sur l'étroite passerelle, Satou se hissa jusque-là, faisant trembler l'échelle sous son poids. Il examina la pierre, la tapota, la fit jouer doucement dans un sens et dans l'autre.

Alors, et comme pris d'une inspiration subite, il poussa violemment sur l'extrémité gauche du roc, et recommença la même expérience du côté opposé.

La pierre oscilla faiblement.

Il appela Baba à la rescousse. Ensemble, ils poussèrent de toutes leurs forces, au risque de faire basculer l'échelle.

Soudain, le lourd bloc de pierre pivota sur lui-même avec une telle facilité que leurs têtes furent projetées à l'intérieur d'un couloir, haut d'environ deux coudées, et sombre malgré la lumière du jour qui venait d'y entrer.

On fit apporter des lampes. Nitocris grimpa d'un pas

léger jusqu'au sommet de l'échelle. Sa tête disparut un instant dans l'entrebâillement de la porte.

« Il y a là, dit-elle, un couloir abrupt qui s'enfonce vers l'obscurité et descend dans les profondeurs de la terre. »

L'un après l'autre, Baba et Satou scrutèrent la cavité. Ils avaient aperçu l'énorme bloc de granit qui bouchait le couloir, à une dizaine de coudées de l'entrée.

Deux ouvriers habiles, habitués à découper des masses colossales dans les carrières de Tourah, furent expédiés sur-le-champ au fond de la galerie. À l'aide de burins, ils devaient forer une série de trous dans le granit, y enfoncer des coins à grands coups de masse, les forcer puis mouiller le bois. En se dilatant, celui-ci ferait éclater la pierre.

Patiemment, morceau par morceau, le roc se fendilla et tomba sur le sol en blocs lourds que les ouvriers cassèrent pour les évacuer.

Ils arrivèrent enfin au bout du couloir qui descendait en pente douce sur une trentaine de pas. Soudain, les lampes à huile vacillèrent puis s'éteignirent comme si un courant d'air sournois venait de les souffler.

« Le pharaon Mykérinos trouve sans doute que nous sommes trop nombreux à piétiner autour de sa tombe... Remontez tous, sauf le premier carrier ! »

Comme par magie, la flamme se ranima dès leur départ ; en tâtant le sol, ils s'aperçurent qu'il était à présent horizontal.

Un instant plus tard, ils arrivèrent dans une antichambre aux murs décorés en façade de palais et dans lesquels était creusée une série de niches.

Deux piliers surmontés d'un linteau de granit encadraient la porte du côté sud. Au nord, une autre ouverture donnait sur une grande plaque de pierre dure qui barrait le chemin.

« Une première herse en granit, annonça laconiquement Baba.

– Combien sont tombées derrière elle, à ton avis ? demanda Satou.

– Deux autres.

– C'est bien ce que je pense... »

Le carrier brisa trois burins avant de parvenir à entamer le granit d'une extrême dureté ; il fallut une journée supplémentaire pour venir à bout des deux herses suivantes.

Ils passèrent la dernière porte au linteau sculpté en forme de gerbe de roseaux, puis un couloir en pente douce lui succéda. Celui-ci était d'une longueur d'une vingtaine de coudées, et un homme de haute taille pouvait s'y tenir sans se courber. Son extrémité débouchait sur une grande chambre rectangulaire creusée dans le roc, orientée d'est en ouest, longue d'une quinzaine de coudées.

La pièce était entièrement vide, et le mur du fond recouvert de dalles de calcaire, à l'exception d'une ouverture rectangulaire placée au nord, à une hauteur de sept coudées. Celle-ci donnait sur le couloir supérieur par lequel étaient évacués les débris de roches lors de la construction de la pyramide. À l'extrémité ouest de la pièce, une niche large de quatre coudées avait été creusée dans le mur.

La reine revint le lendemain matin. Elle était nu-tête et abritée par un parasol de lin que portait un esclave derrière elle.

« Majesté, dit Baba qui était venu à sa rencontre, le couloir est bas ; à moins de te faire transporter sur une litière, la reine d'Égypte devra courber la tête.

– S'il doit en être ainsi, je veux que personne ne marche derrière moi ! »

Elle descendit le long couloir, traversa l'antichambre débarrassée de ses herses, inspecta la grande pièce vide et déserte.

« Où se trouve le sarcophage de Mykérinos ? » demanda-t-elle à Baba et Satou.

Les deux hommes se regardèrent avec une expression de totale ignorance.

« Là, sans doute, dit Baba en montrant la partie ouest où se trouvait la niche.

– Ou bien là, dit Satou en désignant successivement le sol puis le plafond de la chambre.

– Trouvez-le, répondit brièvement Nitocris, et faites-y installer le sarcophage de basalte bleu que j'ai commandé au sculpteur royal... »

Puis elle demanda à Baba de la raccompagner, à condition qu'il ouvre la marche. Comme ses fines sandales de cuir glissaient sur la pierre du couloir en pente, elle autorisa le commandant de ses armées à lui prendre la main pour la reconduire vers la lumière.

De retour dans l'immense chambre vide, Baba ordonna aux carriers de les attendre dans l'antichambre.

« Qu'en penses-tu ? » demanda Satou.

Baba désigna du doigt l'emplacement de la niche.

« Allons-y. »

Il inspecta le mur, le lissa du bout des doigts avant d'en frapper la surface à petits coups de burin.

« Satou... Tu as entendu ?

– Non.

– Écoute bien... Son mat, son clair. C'est là. »

Ils s'attaquèrent au revêtement qui tapissait la niche et découvrirent les éléments d'un mur en maçonnerie peint à la chaux qui ne fut pas long à abattre. Derrière lui se trouvait un large tunnel, très bas de plafond. Quelques marches grossièrement taillées conduisaient à une grotte taillée dans le roc.

Dans le fond, neuf paires d'énormes dalles de granit, inclinées, s'arc-boutaient au centre de manière à former un toit. Elles se maintenaient l'une contre l'autre par des blocs de pierre qui les calaient à leur base entre leur tranchée et le roc.

Les deux hommes promenèrent la lueur de leurs torches en poussant de petits cris d'admiration.

« Tu as une idée de l'endroit où nous nous trouvons ? demanda Satou.

– On dirait...

– Oui... On dirait que nous sommes tombés sur le toit de la crypte funéraire...

– Il suffit à présent d'en trouver la porte d'entrée... »

Ils regagnèrent la grande chambre vide.

« Si nous sommes à hauteur du plafond, c'est donc que l'entrée de la crypte se trouve en contrebas. Admettons que tu sois l'architecte royal de Mykérinos, où creuserais-tu ? »

Le regard de Satou s'attarda sur le mur du fond, sur l'emplacement de la niche, puis glissa vers l'entrée du couloir. Enfin, il arpenta le sol de la chambre et sauta à pieds joints sur l'immense dalle qui le recouvrait.

« C'est là, dit-il, je suis sûr que nous avons trouvé l'entrée du souterrain !

– On creuse ?

– On creuse ! »

Les carriers espacèrent leurs entailles de manière à quadriller entièrement la pièce. Quand la pierre se fendait, ils enfonçaient une longue lame afin de sonder le sol. Enfin arrivés au centre de la chambre, ils rencontrèrent le vide.

Sous leurs pieds se trouvait l'ouverture qui les conduirait à la tombe secrète.

Les premières lueurs de Memphis scintillaient au loin lorsque Baba et Satou sortirent de la pyramide.

Après avoir donné leurs dernières consignes aux soldats de la garde, ils descendirent la rampe jusqu'au temple du bas. Ils se retournèrent plusieurs fois, croyant entendre derrière eux un bruit de pas étouffés. Il sembla même à Satou que la momie royale les suivait.

Nitocris dut attendre cinq jours de plus avant que le couloir ne soit entièrement déblayé de ses bouchons de granit, débarrassé de ses herses, vidé de tout ce qui obstruait l'accès au tombeau royal.

Une galerie en pente passait sous un portique, dévalait un petit escalier donnant sur un couloir horizontal. Sur la paroi de droite, sept marches étaient taillées dans le roc et débouchaient dans une antichambre dont les murs étaient creusés de niches consacrées aux deux villes sacrées d'Égypte, Bouto et Saïs, ainsi qu'aux vases contenant les viscères du roi.

Avant de pénétrer dans la chambre mortuaire, Nitocris songea que, par chance ou par volonté divine, et comme si Mykérinos avait attendu sa venue, la herse de fermeture du caveau n'était pas tombée.

La crypte, qui abritait le cercueil intact du roi, était entièrement construite en granit, et les dalles du plafond avaient été arrondies de manière à donner l'impression d'une véritable voûte. Dans la partie gauche de la chambre reposait un sarcophage de basalte rouge finement poli et décoré en façade de palais.

Nitocris s'approcha du cercueil, caressa son couvercle en pierre du bout des doigts, puis, se détournant du sarcophage où reposait le pharaon Mykérinos au visage recouvert de son masque d'or, elle parcourut lentement du regard l'ensemble de la crypte.

Alors seulement elle fit demi-tour et, s'arrêtant dans l'antichambre aux niches creusées dans le roc, elle dit à Baba :

« Ici, tu feras installer mon cercueil... »

XXXVI

De gros nuages blanc et gris s'étaient amoncelés à l'ouest de Memphis. Ils se pressaient les uns contre les autres, si serrés et si hauts qu'une chaîne de montagnes semblait surgir de la terre aux confins du Tjéhénou.

Vers la fin de l'après-midi, le ciel s'assombrit et l'orage éclata ; les éclairs zébraient l'air au-dessus du Nil et les gouttes crépitaient si fort qu'elles blessaient les peaux nues.

Un formidable coup de tonnerre claqua non loin de la citerne où se trouvait Nitocris. Les parois frissonnèrent sous l'impact de l'éclair, et elle sentit la terre trembler sous ses pieds.

« Nakht ! Tout va s'effondrer !

– Impossible, Majesté... »

Soudain, une cataracte jaillit du ciel. Une eau noire, bouillonnant d'écume, fusa de l'ouverture du plafond et s'écrasa sur le sol en le frappant furieusement.

Nakht courut vers Nitocris :

« Majesté... Majesté, il est dangereux de rester là ! »

Fascinée par la puissance de la chute d'eau, la reine ignorait Nakht. Les flots maculaient sa robe de taches sombres et le niveau dans le réservoir monta rapidement jusqu'à la hauteur de ses chevilles.

Elle se tourna enfin vers le directeur des travaux royaux.

« Nakht... Explique-moi comment tu comptes remplir la citerne.

– C'est très simple, Majesté. Un grand canal conduit l'eau du Nil à l'un des nouveaux bassins situés au-dessus de la citerne. De ce bassin partent deux autres canaux fermés par deux herses mobiles, qui pour l'instant n'ont pas encore été mises en place. L'un alimente un autre bassin, l'autre remplira la citerne avec autant de force que les pluies d'orage.

– Et comment feras-tu pour vider l'eau ? »

Nakht sourit en prévision des compliments que la reine n'allait pas manquer de lui adresser. Il désigna deux plaques de granit sur lesquelles étaient sculptés une touffe de papyrus sur l'un, un bouquet de fleurs de lotus sur l'autre.

« Deux buses carrées, manœuvrées de l'extérieur, sont dissimulées derrière ces plaques et peuvent vider la citerne en un jour ou deux... »

Nitocris semblait satisfaite des réponses de son directeur des travaux. Lorsqu'elle posa le pied sur la première marche de l'escalier étroit grimpant le long de la paroi, elle s'aperçut que la chute d'eau s'était brusquement tarie et que seul un filet boueux continuait de couler.

L'orage devait avoir cessé.

Une semaine plus tard, le lever de l'étoile Sirius annonçait l'exorde de la crue.

Le fleuve se gonflait lentement et le cœur de la reine, accompagnant la crue, sembla subitement déborder de prévenance pour ses sujets. Elle décida que seuls les criminels seraient dorénavant employés à extraire le cuivre du Sinaï, le granit rouge des carrières d'Assouan, le calcaire de Tourah... Elle limita les corvées royales à l'entretien des canaux et des temples funéraires. Contrairement à ses habitudes, il lui plut d'assister à tous les procès, et la justice qu'elle rendait en ces occasions était toujours pleine de bon sens et de générosité. Si l'un des plaignants s'estimait lésé dans une transaction et que le juge ne l'eût point dédommagé à sa convenance, Nitocris ordonnait à son directeur du Trésor de compenser les pertes du plaideur. Si un bœuf avait été dérobé à un paysan, la reine lui en offrait deux. Si un fonctionnaire était jugé pour détournement de taxes, Nitocris divisait de moitié le nombre de coups de bâton qu'il recevait, substituait l'ablation du lobe de l'oreille à celle du nez...

La bonté et l'amour de la reine ne semblaient pas connaître de limites. Au fur et à mesure que le Nil grossissait, son regard s'adoucissait, sa bienveillance rayonnait, on la sentait prête à tout pardonner.

Baba, Beket, Satou et Ameni s'interrogeaient : quel scorpion enragé pouvait bien avoir piqué la reine ? Après avoir fui ses sujets, après avoir voulu mourir, la mansuétude soudaine de Nitocris leur faisait craindre le pire. Un matin, enfin, elle convoqua son vizir.

« Ameni, dit-elle sans préambule, je pense qu'il est temps, pour notre bien à tous et celui de l'Égypte, de ne plus répandre le sang afin de laver celui qui a été versé ; de ne pas répondre à la vengeance par la vengeance, car celle-ci engendre la haine... À quoi sert tout cela ? À quoi sert-il aux victimes d'infliger à leurs bourreaux les mêmes souffrances qu'elles ont subies ? À présent que le temps a passé sur nos malheurs et puisque ceux-ci, dans des dizaines, des centaines et des millions d'années ne seront que poussière, je pense qu'il est bon d'oublier. Il est temps aujourd'hui de faire succéder le pardon à l'offense... »

Ameni dévisageait la reine, qui était aussi son amie, avec des yeux ébahis.

« Majesté... Nitocris... Mon amie insensée... Tu veux pardonner aux assassins de ton frère, aux félons d'Égypte, aux meurtriers de ta fille ?

– Ameni, fais ce que je te dis de faire ! »

Le vizir s'inclina devant la reine d'Égypte et ne prononça plus un mot, car celle-ci s'était enfermée dans un silence inaccessible et lointain où la raison semblait l'avoir abandonnée.

Lorsque Tibi, entrant dans la salle du conseil de sa démarche vacillante, vint se blottir entre les bras de Nitocris, il rompit ce silence embarrassant. Le regard du petit garçon allait de la reine au vizir, et réciproquement.

« Fâchés ? » demanda-t-il de sa voix fluette.

Les deux amis se regardèrent en riant timidement.

« Non, Tibi, répondit la reine, Ameni et moi nous ne sommes pas fâchés.

– Bien, dit le vizir, à présent que nous avons cette certitude, dis-moi ce que tu attends de moi.

– Tu sais où se cachent Ipout, Khenou, Vennofer et les autres ?

– Oui, je sais où ils se terrent. Mais à ceux-là, tu peux ajouter les nomarques du serpent, du chacal et du couteau, qui se sont ralliés à eux...

– Je veux que tu fasses parvenir à chacun l'annonce de mon pardon. Je veux qu'ils prennent le temps de réfléchir à leurs actes, et qu'ils se préparent à regagner Memphis. Cependant, leur retour n'aura pas lieu tout de suite. Ils attendront encore un an ; car il me faut le temps de m'habituer à l'idée de leur présence à mes côtés. Aussi, j'attendrai le troisième anniversaire de la mort du roi Mérenrê, jour du lever de l'étoile Sothis et de la prochaine inondation. »

Nitocris s'interrompit et pencha la tête afin d'écouter ce que Tibi voulait lui chuchoter à l'oreille.

Ameni l'entendit rire, puis la regarda ébouriffer les cheveux de l'enfant d'un geste plein de tendresse.

« La grande citerne sera alors prête, reprit-elle, et elle sera plus belle que le plus majestueux des temples. J'organiserai une fête, un grand banquet pour son inauguration et notre réconciliation. »

À ces mots, Tibi poussa des cris de plaisir, mais Nitocris lui répondit sèchement que les enfants ne feraient pas partie des invités.

Ameni ayant pris congé d'elle, la reine confia Tibi à

Beket, puis donna l'ordre de faire entrer le premier prophète d'Osiris, Nebouaÿ.

Après qu'il se fut prosterné à ses pieds, elle entraîna le jeune prêtre par une suite de corridors secrets qui serpentaient sous le palais. Ils débouchèrent dans un couloir en pente douce taillé dans la pierre, dont l'extrémité était fermée. La porte était gardée par un soldat. L'entrée secrète donnait sur une petite plate-forme. Une volée de marches menait à l'air libre d'un côté, un long escalier plongeait jusqu'au fond de la citerne, de l'autre.

Nitocris désigna l'immense mur en contrebas, masqué par un rideau opaque qui s'étendait sur toute la longueur :

« Nebouaÿ, c'est sur ce mur que tu écriras les textes sacrés des pyramides. »

Le prêtre s'inclina respectueusement.

La reine ignorait-elle que les textes des pyramides ne devaient être inscrits que sur les murs des tombeaux des pharaons ? Qu'ils étaient destinés à les protéger dans l'au-delà, à leur procurer tout ce dont ils pourraient avoir besoin, dans le ciel auprès de leur père Rê d'Héliopolis, ou dans le royaume d'Osiris, dieu des morts de l'Occident ?

XXXVII

Le Nil avait regagné son lit.

La saison d'akhet étant achevée, celle de péret lui avait tout naturellement succédé. Quelques pluies inattendues et persistantes avaient même apporté un peu de joie aux paysans.

Puis l'hiver avait à son tour cédé la place à l'été.

Il y avait eu les fêtes de la saison de shemou, durant laquelle on avait rendu un culte à Nitocris la déesse vivante, à Menkarê la fille du dieu soleil.

Après quoi, la reine s'était retirée pour ne plus réapparaître en public.

Elle s'était de nouveau fait conduire au pied de la pyramide de Mykérinos. Tous les trois jours, au crépuscule, le vaisseau royal la déposait à l'entrée du temple de la vallée. Là, elle se déchaussait avant de gravir la rampe jusqu'au temple haut.

Baba, Satou et Beket marchaient derrière elle, silencieux, les yeux fixés sur le bouillonnement de ses cheveux blonds flottant sur ses épaules.

Ils attendaient patiemment que la barque du soleil disparaisse derrière les montagnes du Tjéhénou et que la chaleur de Rê aille réchauffer de sa lumière le royaume d'Osiris.

Dès que la première étoile se levait dans le ciel, la porte de granit, taillée dans le roc au bas de la pyramide, basculait sur ses gonds. La reine disparaissait alors dans le trou noir, accompagnée par Baba ou Satou ; et tous détournaient les yeux pour ne pas la surprendre en train de courber la tête. Les deux ombres dansaient le long du couloir, passaient l'antichambre avant de s'enfoncer dans les profondeurs de la crypte secrète.

« Baba, disait alors la reine lorsque celui-ci l'accompagnait, tu peux me laisser maintenant. Tu reviendras me chercher dès que le soleil blanchira les montagnes de l'est. »

Baba attendait qu'elle s'allonge au fond de son sarcophage de basalte bleu et qu'elle ait posé la nuque sur son reposetête en ivoire avant de lui souhaiter une bonne nuit pleine de rêves lumineux. Avant qu'il ne franchisse le seuil de la crypte, emportant avec lui le flambeau, la reine le rappelait :

« Baba, j'aimerais que tu me laisses un peu de lumière en haut de l'escalier… Au cas où il me plairait d'aller voir les étoiles… Aussi, sois gentil de maintenir ouverte la porte de la demeure d'éternité du vieux pharaon… »

Nitocris écoutait les pas du jeune homme décroître le long des couloirs et restait éveillée. Ses yeux commençaient à s'habituer à la nuit lorsqu'elle ne l'entendait plus. Mais elle avait beau scruter le plafond de la grotte, s'asseoir dans son cercueil et regarder de tous côtés, l'obscurité était si dense qu'elle ne distinguait rien autour d'elle.

« C'est sans doute cela, la mort, songea-t-elle, une nuit insondable passée à attendre la lumière divine de la barque sacrée de mon père… »

Lasse de ne rien voir et de ne rien entendre, elle invoquait le ba et le ka de son époux, puis son frère lui-même. Hélas, elle avait beau pleurer son absence, Mérenrê ne se montrait jamais, pas plus qu'elle ne sentait le souffle frais de son haleine caresser sa joue.

Une nuit qu'elle s'était levée pour aller regarder les étoiles, elle ne réussit pas à passer le seuil de la grotte, ni à retrouver son cercueil. Elle tâtonna longtemps autour d'elle, se cognant aux murs, blessant son front contre l'angle d'une niche, persuadée que les dieux lui avaient dérobé son sarcophage afin de lui signifier qu'ils ne voulaient pas d'elle.

Lorsqu'elle le retrouva enfin, elle s'y recoucha avec le même soulagement voluptueux qu'elle aurait éprouvé à s'allonger dans son lit.

Cette nuit-là, Mérenrê lui parla pour la dernière fois :

« Nitocris, ma sœur, que j'ai tant attendue... Abandonne tes projets... Tu es fille du dieu, et les dieux disent l'ordre et la justice. L'ordre et la justice disent à leur tour le bien et le mal... Oublie la vengeance. Elle appartient aux hommes, pas aux dieux... Ils te renieront si tu y cèdes... Viens, mon épouse, n'offre pas ton cœur à la Dévoreuse... »

Nitocris se réveilla en sursaut. Elle avait sans doute rêvé. Mérenrê ne l'aurait jamais détournée de sa vengeance.

« Mérenrê ? » dit-elle à voix haute.

Cette nuit-là, pas plus que les autres, elle n'entendit pas le moindre frôlement, pas le plus petit froissement d'aile. Seul son cœur continuait à battre bruyamment dans sa poitrine.

Le lendemain matin, lorsque Baba s'en vint réveiller Nitocris, elle gémissait dans son sommeil. La flamme vacillante lui fit ouvrir les yeux ; elle bâilla, s'étira, puis elle sortit à la lumière du jour. Une série d'ecchymoses marquaient son front, sa joue et le haut de ses bras.

Baba, Satou et Beket la dévisagèrent avec une insistance à laquelle elle n'était pas accoutumée. Enfin, Baba s'enhardit et lui demanda :

« Majesté... T'es-tu battue cette nuit avec l'un de ces morts dangereux qui hantent les tombeaux ? »

Beket, que la reine avait interrogée du regard, présenta à celle-ci un miroir.

« La reine s'est battue, répondit-elle avec un sourire, mais la reine a triomphé des forces des ténèbres ! »

XXXVIII

Nitocris ne dormait plus dans son sarcophage de basalte bleu. Elle regagna la terrasse du palais où elle passait des heures, les deux coudes appuyés contre la balustrade, à regarder le fleuve.

À présent que la crue du Nil était annoncée, et avec elle l'accomplissement de la divination de Beket, son regard brillait d'une flamme claire et limpide ; une tranquillité singulière l'habitait tout entière.

Beket, qui espérait s'être trompée, reprenait son écritoire et son calame, mais celui-ci lui redisait les mêmes mots qui condamnaient la reine.

« Que m'importe de mourir, répondait Nitocris aux interrogations de Beket, ne t'ai-je pas dit à plusieurs reprises que j'étais impatiente de retrouver mon frère ? Mérenrê m'attend ! »

Elle fit jurer à Beket de ne pas ajouter ses pleurs à la douleur de la quitter.

Deux jours avant le lever de l'étoile Sirius, les conjurés arrivèrent à Memphis. Dès le lendemain, et dans son infinie bonté, la reine leur donna audience dans la grande salle d'apparat du palais. Nitocris avait voulu les recevoir seule, sans gardes en armes, sans courtisans à ses côtés, pour qu'ils comprennent qu'elle ne les craignait pas.

Ipout entra la première.

La vieille reine avait beaucoup grossi, et ses yeux, tapis derrière des replis de graisse, brillaient toujours de la même lueur démoniaque. Derrière elle se tenait son fils Khenou, qui esquissa une grimace contrite à l'intention de Nitocris. Il était suivi d'une jeune fille à l'air doux et soumis : la fille du nomarque du lièvre. Elle précédait le grand prêtre de Ptah, Ptahshepses, dont les yeux enfoncés dans leurs orbites étincelaient comme la flamme de ses cassolettes. Derrière eux venaient l'échanson royal Renenout, le directeur des cornes, des sabots et des plumes Vennofer, tous accompagnés de leurs épouses.

Nitocris les dévisagea lentement, sans ressentiment ni colère apparente. Ils baissèrent la tête pour ne pas croiser son regard. Après un long moment, elle frappa par deux fois dans ses mains. Ameni entra. Douze soldats de la garde royale le suivaient. Le vizir se plaça aux côtés de Nitocris afin que par sa bouche soient énoncés les mots de la reine.

« Malgré mon avis défavorable, commença-t-il, Sa Majesté la reine Menkarê, vie, santé, force, a décidé de vous pardonner. Bien que votre présence ne soit pas agréable à son cœur, elle vous autorise cependant à vous prosterner à ses pieds. »

Ils échangèrent des regards craintifs, et leurs yeux apeurés semblaient dire :

« Dès que notre face touchera la pierre, les lances se planteront dans notre dos et nous aurons très mal avant de mourir... »

Néanmoins, et parce qu'ils n'avaient d'autre choix, ils semblèrent se résigner. On entendit alors leurs articulations craquer, puis ils s'affaissèrent lourdement sur le sol pour en respirer la poussière.

Quand ils se relevèrent, le vizir annonça la fin de l'audience. Il les convia à assister au banquet que la reine leur offrait le lendemain, en gage de réconciliation.

Ce jour-là était le jour du troisième anniversaire de la mort du pharaon Mérenrê. Mais qui s'en souvenait, sinon la reine ?

On conduisit les conjurés repentants à travers le nouveau jardin. Un petit bosquet de sycomores avait été planté non loin du kiosque noyé de verdure. Ici, les branches des grenadiers rejoignaient les pampres de la vigne ; là, jaillissaient des buissons de fleurs aux couleurs éclatantes.

Chacun s'extasia sur tous les changements apportés par Sa Majesté ; en particulier, la taille des nouveaux bassins les impressionnait, ainsi que la complexité du système d'irrigation.

Des canaux s'enchevêtraient sous terre, longeaient les allées ombragées, serpentaient sous des dalles de granit, et l'eau retombait de cascades en cascades en murmurant doucement.

Diverses haltes avaient été prévues afin qu'à chacune d'entre elles, les convives puissent se désaltérer à leur gré. On servit du vin de dattes dans d'immenses coupelles ; des esclaves vêtues de blanc leur versèrent de pleines cruches de bière et ils vidèrent de nombreuses jarres de vin des îles.

Le parfum des fleurs et la douceur du vin les avaient si bien mis en joie et en appétit qu'ils se laissèrent tranquillement guider par l'odeur de viande grillée et d'aromates qui semblait surgir de sous la terre.

Arrivés à l'aplomb de la citerne, ils souhaitèrent tout naturellement la visiter ; on les informa que la salle d'apparat n'étant pas assez grande pour les recevoir tous, on avait préféré installer le banquet dans la fraîcheur de la roche.

Sa Majesté elle-même n'allait pas tarder à faire son apparition...

Ils trouvaient l'aventure assez joyeuse, et la réconciliation annoncée par la reine paraissait se dérouler sous les meilleurs auspices.

Ils descendirent l'escalier de pierre, posant leurs mains sur la rambarde, effleurant la roche fraîche.

Ipout, qui souffrait du mal des profondeurs, descendit l'escalier à reculons, les yeux fixés vers l'étroite lucarne du ciel. Puis elle se colla à la paroi et n'en bougea plus, ne voulant ni descendre ni monter.

Enfin, Nitocris apparut en compagnie de Beket. La vision d'Ipout, collée comme un mollusque à son rocher, lui fit marquer une pause. Elle ne lui jeta qu'un seul regard, mais il était si acéré que le corps de la vieille reine s'écarta immédiatement de la pierre.

« Aidez-la », dit simplement Nitocris aux soldats de sa garde.

Les yeux de Nitocris étaient froids et secs ce matin-là.

Elle avait pris le « bois tordu », le petit garçon de Sioua, dans ses bras et lui avait dit :

« Tibi, je vais partir pour longtemps.

– Où ça ?

– Là-bas, avait répondu Nitocris en lui montrant l'horizon de l'ouest.

– Emmène-moi !

– Pas maintenant.

– Quand, alors ?

– Plus tard... Plus tard tu me rejoindras... En attendant, tu resteras avec Beket. Baba et Satou seront là aussi. Ils s'occuperont de toi et te protégeront ! »

Ameni les avait rejoints. Nitocris avait longuement serré ses amis sur son cœur.

« Eh bien, s'était étonné Satou, on pourrait croire que tu pars pour un long voyage... »

Pour le faire taire, la reine avait posé ses lèvres sur celles du géant. Puis, accompagnée de Beket, elle s'était mise en route sans se retourner.

Les trois hommes les avaient suivies. Mais de loin, comme

font les chiens lorsqu'ils se tiennent à bonne distance des hommes et de leurs cailloux acérés.

Arrivés à proximité de la citerne, ils avaient vu les deux femmes disparaître sous la terre. Et derrière elles, les servantes et les serviteurs portant les plats de viandes, de légumes, les jarres de vin, les pâtisseries...

Quelques instants plus tard, ils aperçurent Tibi qui se glissait entre les jambes des servantes, mais ils ne purent l'arrêter.

Nitocris s'était assise sur son trône dans un léger froissement d'étoffe. Elle promena un regard absent sur ses invités avant de leur signifier, d'un geste, qu'ils pouvaient boire, manger et parler. Son regard vague se porta tout à coup vers l'escalier.

Marche après marche, Tibi descendait.

Les convives observèrent à leur tour ce petit être difforme qui retenait tant l'attention de Nitocris.

« Tibi, lança-t-elle, je croyais pourtant t'avoir dit que tu n'étais pas invité. »

Tibi claudiqua jusqu'à Nitocris, posa sa tête sur ses genoux pour se faire pardonner. Puis il se redressa afin de dévisager l'assemblée. On le trouva si drôle et si mignon... Était-ce l'enfant de la reine ? Et cette bosse... Allait-elle encore grandir ? Assise non loin de Nitocris, Ipout attira le jeune garçon vers elle :

« Comment t'appelles-tu ?

– Tibi.

– C'est joli, Tibi... »

Elle passa l'enfant à sa voisine, impatiente de le cajoler, et regarda Nitocris. La reine ne pouvait dissimuler sa colère et sa contrariété. Ipout en fut intriguée. Ses soupçons se confirmèrent lorsque Nitocris se leva, imitée par Beket.

« Viens, Tibi, dit la reine, nous partons ! »

Quelques protestations timides fusèrent du fond de la salle. Ipout se tourna vers Nitocris :

« Laisse-nous un peu cet enfant. Il se plaît tant en notre compagnie... »

La reine ne daigna pas répondre et tendit une dernière fois la main vers le petit garçon :

« Viens, Tibi ! »

Au lieu de s'approcher d'elle, Tibi s'enfuit à l'autre extrémité de la pièce où, excité par les rires et les caresses qu'on lui prodiguait, il plongea sous la table. Le désarroi se lut tout à coup sur le visage de la reine. Tranquillement, Beket la conduisit jusqu'à la première marche :

« Mon-te, toi... », parvint-elle à articuler de sa voix rauque.

Nitocris s'arrêta sur la première marche et saisit le poignet de son amie pour l'entraîner avec elle, mais Beket se dégagea fermement. La reine lui lança un dernier regard de supplication douloureuse. À cet instant, Ipout se souvint que ce jour était le jour du troisième anniversaire de la mort de Mérenrê.

« Arrêtez-la, hurla-t-elle, c'est un piège ! Ne la laissez pas partir ! Attrapez le bossu... »

Les soldats de la garde royale pointèrent leurs lances vers les convives tandis que Nitocris remontait lentement vers la lumière.

Baba, Satou et Ameni virent Nitocris surgir du fond de la citerne. Elle était seule. Ni Beket ni Tibi ne l'accompagnaient. Sans perdre un seul instant, la reine donna l'ordre de faire basculer la lourde plaque de granit sur l'entrée des escaliers. Les trois hommes se précipitèrent :

« Que fais-tu, Nitocris ?

Nitocris agrippa Satou et Baba :

« Sauvez-les ! Sauvez Tibi et Beket... »

Elle tourna la tête vers les bassins où deux hommes attendaient son signal. La lourde herse qui barrait le canal d'alimentation se releva en grinçant. Un filet d'eau courut sur le canal, puis il grossit et dévala la pente de plus en plus vite.

« Une corde ! Vite ! » hurla Baba.

Ils entendirent la cataracte se déverser avec fracas sur le sol de la citerne. Nitocris tourna les talons et se dirigea vers le palais.

Baba passa la corde autour d'un tronc d'arbre, s'y agrippa, puis, retenu par les bras puissants de Satou, il se laissa glisser derrière la chute d'eau. Les hurlements des femmes se mêlaient à l'assourdissant fracas de la cataracte renvoyé par les murs nus.

De nombreuses lampes avaient été renversées, plongeant l'immense salle dans la pénombre.

Baba chercha Beket du regard. Elle ne se trouvait ni parmi les hommes qui occupaient les plus hautes marches de l'escalier et tentaient de faire bouger la dalle, ni parmi les femmes rassemblées sur les chaises et les tabourets hissés sur les tables.

Prises d'une soudaine panique, certaines d'entre elles s'agrippèrent au rideau qui dissimulait le texte des pyramides. La lourde tenture s'écroula lentement sur elles, épousant la forme de leurs corps. Elles se débattirent longtemps sous le poids de la toile gorgée d'eau, puis elles ne bougèrent plus. Le rideau s'immobilisa tel un grand serpent mort.

Enfin Baba repéra Beket dans la pénombre. Elle se trouvait seule dans un coin de la salle et tenait fermement Tibi dans ses bras. L'eau arrivait à présent à hauteur de son ventre.

Une femme aperçut Baba. Croyant qu'il venait les égorger, elle se mit à hurler de terreur.

Alertée, Beket le vit à son tour. Elle s'élança à sa rencontre. Leurs mains se tendirent l'une vers l'autre.

« Vite, Beket, vite ! » siffla Baba.

Il la saisit par le poignet. Écartant brutalement ceux qui se trouvaient en travers de sa route, il l'entraîna vers la cataracte.

La corde se balançait doucement derrière la chute d'eau. Il la noua autour du ventre de Beket, tira par deux fois selon le signal convenu avec Satou.

La corde se tendit.

Bras serrés autour de son cou, Tibi enfouit son visage dans les cheveux de Beket. Baba le regarda s'élever doucement dans les airs, entre la chute d'eau et la paroi.

Trois hommes s'avançaient vers lui, le poignard à la main. Baba reconnut Khenou, Vennofer et l'échanson royal. Il brandit sa hache, la fit tournoyer devant lui afin de les maintenir à distance.

Les hommes se séparèrent pour l'attaquer de trois côtés à la fois. La lame de Baba pénétra dans le cou de Khenou qui l'assaillait à sa gauche. Elle y resta plantée si profondément qu'il ne put l'en retirer. Vennofer se fendit dans sa direction, mais les bouillonnements de l'eau ralentirent son geste. Sa lame effleura le ventre de Baba qui se faufila derrière la cataracte. Il lança la main au-dessus de sa tête, sentit le contact rêche de la corde. Il s'y agrippa et tira par deux fois.

Une secousse l'entraînait vers les airs lorsqu'il sentit une main s'agripper à sa cheville. Il ne montait plus !

Baba se laissa glisser vers le bas. Son talon s'écrasa contre la face de Vennofer qui le lâcha. Baba tira de nouveau sur la corde et l'ascension reprit. De désespoir, Vennofer et l'échanson lancèrent vers lui leurs couteaux en regardant s'enfuir leur dernière chance de salut.

Nitocris avait disparu lorsque Baba sortit à l'air libre.

Du fond de la citerne, les cris s'éteignaient un à un. Seuls ceux qui savaient nager survivaient encore. Parmi ceux qui s'étaient réfugiés en haut de l'escalier, certains lâchaient prise et entraînaient vers le fond ceux auxquels ils s'agrippaient. Bientôt les derniers hurlements cessèrent et le bruit de la cataracte sembla s'apaiser.

C'est alors que des appels déchirants leur parvinrent du côté du palais. La chambre de la reine était en feu ! Des servantes jetaient des baquets d'eau sur la porte fermée. Lorsque celle-ci s'écroula, la chaleur du brasier était si forte qu'ils durent tous reculer.

Ceux que l'on interrogea racontèrent qu'ils avaient vu la reine pénétrer dans son ancienne chambre et s'y enfermer... Peu de temps après, ils avaient senti l'odeur du feu, mais la porte avait résisté à leurs efforts. Plus tard encore, il leur avait semblé voir flotter dans le couloir une femme nue enveloppée d'un voile léger...

Lorsque les cendres se furent refroidies, Beket revint dans la chambre de la reine. Longtemps elle chercha les restes de Nitocris, que le feu aurait épargnés.

De même qu'Isis rassembla jadis les morceaux épars de son époux Osiris afin de lui redonner vie, Beket réunit ceux de Nitocris pour qu'un jour son corps puisse rejoindre celui de Mérenrê. Le lendemain, elle se rendit à la Maison de la Mort et demanda au vieux Ptahor de les arranger dignement.

Lorsqu'elle y revint quelques jours plus tard, l'embaumeur lui remit une momie guère plus grande que celle d'un nouveau-né.

Accompagnée de Baba, Satou et Ameni, Beket alla la déposer dans le sarcophage de basalte bleu où avait dormi Nitocris.

Peu de temps après la mort de Nitocris, un riche marchand syrien acheta la demeure de Baba et Satou contre trois cargaisons de poutres de cèdre du Liban qu'ils placèrent à l'abri dans leurs entrepôts.

Une partie de leurs biens fut échangée contre des blocs de calcaire de Tourah, des briques crues et toutes sortes de matériaux qui leur étaient nécessaires pour construire, dans cette anse du bord de la mer, la maison dont ils rêvaient, et dans laquelle ils vécurent longtemps en compagnie de Tibi et Bity.

Les mois et les années passèrent. Un long chaos succéda à la mort de Nitocris dont le souvenir hanta longtemps les mémoires. Puis le souvenir de la reine aux cheveux blonds se brouilla, se transforma. De cette métamorphose naquit une légende. D'après cette dernière – et de nombreuses personnes dignes de foi le certifièrent –, l'esprit de la reine Nitocris tournoyait autour de la pyramide rouge à l'heure du midi et du soleil couchant. Elle était si belle et si blonde que les hommes en étaient ensorcelés. Affolés d'amour, ils perdaient l'esprit sur l'heure et couraient vagabonder par le pays.

D'autres témoins affirmèrent encore l'avoir aperçue qui volait autour de la pyramide en compagnie d'un faucon. Puis ils les auraient vus disparaître peu à peu, se fondant l'un et l'autre dans l'azur.

Bibliographie

ANDREU Guillemette, *Les Égyptiens au temps des pharaons*, Paris, Hachette, « Pluriel », 1997.

DESROCHES NOBLECOURT Christiane, *La Femme au temps des pharaons*, Paris, Stock, 2000.

ERMAN Adolf, RANKE Hermann, *La Civilisation égyptienne*, Paris, Payot, « Grande Bibliothèque Payot », 2001.

FIECHTER Jean-Jacques, *Mykérinos le dieu englouti*, Paris, Maisonneuve et Larose, 2001.

FRANCO Isabelle, *Mythes et dieux, le souffle du soleil*, Paris, Pygmalion, 1996.

HÉRODOTE, *L'Égypte. Histoire II*, Paris, Les Belles Lettres, « Classiques en poche », 1997.

JAMES Tomas Garnet Henry, *Le Peuple de Pharaon*, Monaco, Éditions du Rocher, 1999.

KŒNIG Yvan, *Magie et magiciens dans l'Égypte ancienne*, Paris, Pygmalion, « Bibliothèque de l'Égypte ancienne », 1994.

LAFFONT Élisabeth, *Les Livres de sagesse des pharaons*, Paris, Gallimard, « Folio Histoire », 1998.

LELOUP Jean-Yves, *Les Livres des morts : tibétain, égyptien et chrétien*, Paris, Albin Michel, « La Bibliothèque spirituelle », 1997.

MASPERO Gaston, *Histoire ancienne des peuples de l'Orient classique*, Paris, Hachette, 1897.

SAUNERON Serge, *Les Prêtres de l'ancienne Égypte*, Paris, Seuil, « Points Histoire », 1998.

STRABON, *Le Voyage en Égypte*, édité et traduit du grec ancien par Pascal Charvet et Jean Yoyotte, Paris, Nil, 1997.

VANDERSLEYEN Claude, *L'Égypte et la vallée du Nil*, Paris, PUF, « Nouvelle Clio », 1995.

VERCOUTER Jean, *L'Égypte et la vallée du Nil*, tome I, Paris, PUF, « Nouvelle Clio », 1992.

Photocomposition Nord Compo
59650 Villeneuve-d'Ascq

Achevé d'imprimer en mai 2004
sur presse Cameron
*par **Bussière Camedan Imprimeries***
à Saint-Amand-Montrond (Cher)

pour le compte des Éditions 1
31, rue de Fleurus, Paris 6^{e}

N° d'imprimeur : 042202/4.
N° d'éditeur : 13738/01.
Dépôt légal : juin 2004.